家計にはときめきも
メリハリも大事！

月収20万円で幸せに暮らす本

NIKKEI WOMAN BOOK

はじめに

「手取り月収20万円」と聞いて、多いと感じますか？　少ないと感じますか？

ひとり暮らしの働く女性であれば、家賃や水道・光熱費、食費や交際費など、もろもろを払って、少しだけ貯蓄に回せる、というくらいの収入だと思います。

気の向くままに好きなだけ使っていては、貯蓄に回すお金は残らないし、下手をすれば赤字になってしまう――。だからこそ、お金を使うところ、節約するところのメリハリをつけて毎月の支出を管理することが大切です。

この本で主に紹介するのは、手取り月収20万円前後の働く女性たち。大半が、ひとり暮らしです。決して贅沢な暮らしをしているわけではないけれど、つつましく暮らしているわけでもありません。自分にとって大切だと思うことにはしっかりお金を使い、そんなに必要ないかもな、と思うところは賢く節約しています。こだわるところは人によって違うけれど、それぞれに楽しく豊かに暮らしている印象があります。

自分の価値観を大切にして、自分なりの生活の楽しみ方を知っているからだと思います。

「こんなところにこだわっているんだ」「こんなことを工夫しているんだ」…と、読んでいるだけで元気をもらえるような女性たちの実例を、この本ではたくさん集めました。

そして、気になるのが貯蓄術ですよね。実例で紹介する女性たちの貯蓄スタイルや貯蓄額はさまざまですが、自分にとって無理のない方法で「貯まる仕組み」をつくっている人が目立ちます。

実例以外にも、銀行口座の使い分け方や、気になる「iDeCo」や「つみたてNISA」で将来のための資金をつくる方法をしっかり紹介しています。帰宅後10分以内で作れて栄養たっぷりの自炊メニューも収録しました。

月収が20万円に近くても、そうでなくても、この1冊の中から「幸せに暮らす」ヒントがきっと見つかるはずです。ぜひ、今日からあなたの暮らしに役立ててください。

PART 1
月収20万円女子の『貯まる仕組み』編

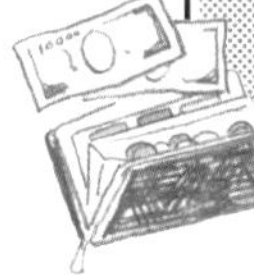

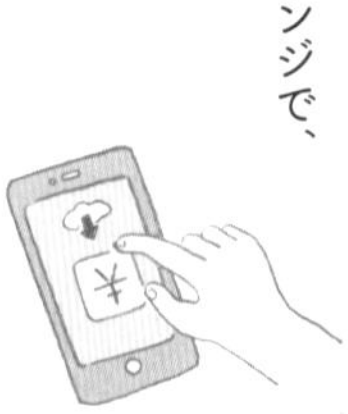

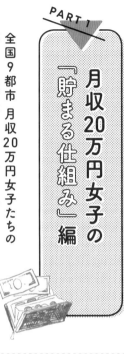

PART 2
ほったらかしでお金を増やす！編

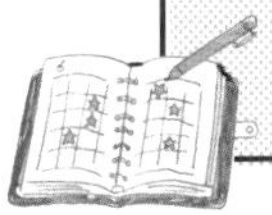

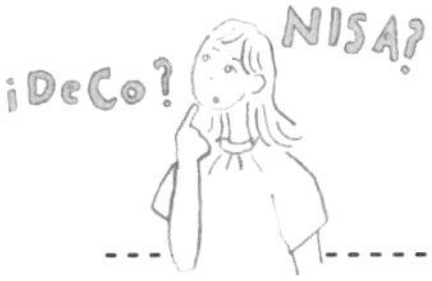

PART 3
自己投資で人生満足度アップ！編

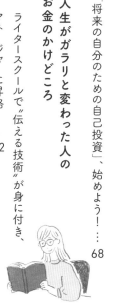

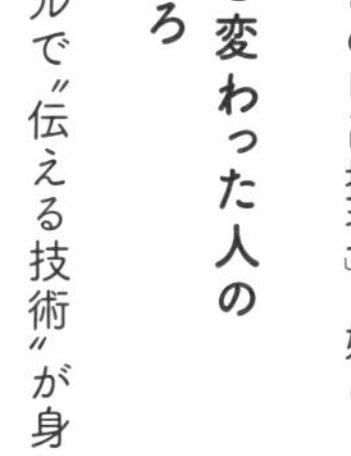

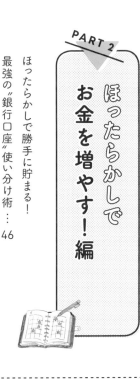

PART 4

自炊で10分！美人ごはん編

PART
/
1

月収20万円女子の「貯まる仕組み」編

月収20万円でもしっかり貯金ができている女子たち。
時に節約、時に贅沢をしながら充実した生活を送っています。
彼女たちの「貯めワザ」は?　お金の使いどころ、
出費を減らしているところはどこ?　学ぶ点が満載です。
メリハリ家計を助ける“ときめき”ポイント、
ラクに貯まる仕組み作りも公開します!

全国
9都市

月収20万円女子たちの

暮らし＆お金テクをのぞき見！

北海道から福岡までの月収20万円前後の
女子が大集合。お金の使いどころと
引き締めどころをしっかり意識し、
日々豊かに暮らすワザを紹介します！

TOKYO
東京都

data

仮名・27歳・メーカー営業
広瀬美智代さん
● ひとり暮らし

勤務時間
9:00〜17:30

手取り月収
20万円

手取り年収
380万円

貯蓄・投資総額
219万円
▶普通預金 200万円
▶NISA・つみたてNISA 19万円

家賃8万円超えの都心生活 美容やグルメは格安で楽しむ

20代後半に都内でひとり暮らしを始めた広瀬美智代さん。「駅近・新築・オートロックを条件にすると、家賃はどうしても月8万円超えに。その分、他の出費を抑えるようにしています」。節約のために時間を費やしているのが、徹底したお得情報のリサーチ。欲しいものはまずメルカリに出品がないかどうか探し、決済アプリのキャンペーン時期をチェック。「美容院やネイルサロン通いも欠かしたくないので、美容系クーポンも活用。時間をかけて情報を集めれば、お金をかけずにやりたいことを実現できます」。

貯めワザ

投資は

月3万円

▶つみたてNISA

ボーナスで（年2回）

普通預金

100万円

▶将来、ピアノの習い事を始めたい!

ボーナスは基本的に全額貯蓄。「将来の備えだけでなく、習いたいピアノのスクール代に充てるなど、自分時間の充実に使いたい。いずれはお世話になった奨学金制度に寄付したい」。

クレカは還元率の高い1枚に集約

クレカは還元率が1.25％以上と高い「KAMPO STYLE CLUB CARD」（現Reader's Card）を利用。「請求額からポイント分を引いてくれるのも魅力です」。

「ウェルスナビ」で資産運用にも挑戦中

資産運用の選択肢を広げるため、ロボアドバイザーを使った資産運用サービス「ウェルスナビ」を通じて投資信託を購入。「7カ月前に最低額の10万円からスタート。細かい増減は気にせず、月1回アプリで評価額をチェック。今は831円マイナスになっています」。

つみたてNISAの積立額を1万円→3万円に増額

「投資を始めたばかり。評価額のチェックは3カ月に1度くらいです。基本的に放置する前提で始めました。今後は普通預金から徐々につみたてNISAへ移行させる予定です」

【つみたてNISAの投資商品】

商品名	積立額	評価額（元金に対する損益）
eMAXIS Slim 全世界株式（除く日本）	7万9253円	8万5054円（+5801円）

※2019年4月時点

おすすめ地元スポット

銀座三越の庭園（銀座）

銀座三越の屋上にある休憩スペースは穴場のスポット。休日に都心のど真ん中で緑を味わい、ゆったりくつろぎます

お金を使う

ニトリで1万円のこたつはローテーブルとしても活躍

ひとり暮らしの初期費用60万円。部屋をきれいに居心地の良い空間

ひとり暮らしをスタートしたときの初期費用は、引っ越し代や家具代を合わせて60万円。「貯めたお金をかけた分、部屋を心地よく保とうと意識するように」。

痛くなりにくいヒール靴はマスト。現在3足目

営業職で外歩きは必須! ワコールのサクセスウォークを4年間リピ買い

1日中外回りをしても足が痛くならないワコールのサクセスウォークを愛用。「安い靴を何足も買い直すより、足に合う靴を長く履いたほうが結果的にお得です」。

週に1回、外に出て1000円ランチを堪能

普段は1食300円の社食を利用して食費を抑える代わりに、週1回は1000円前後の贅沢なランチを楽しむ。「メリハリをつけることで、節約のストレスがたまらないようにします」。

銀座の老舗のお店も、ランチならお得に楽しめる

銀座の老舗・木村屋のランチ(上)、ベーカリーのロースカツサンドセット(左)。

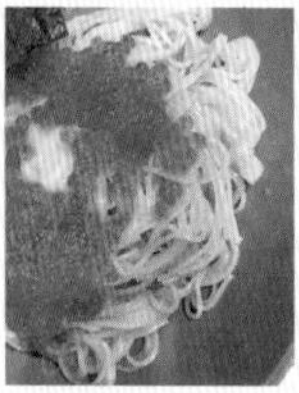

牛肉、ウニ、イクラ…高級食材はふるさと納税の返礼品で舌鼓

ふるさと納税は限度額4万5000円いっぱいまで寄付。「返礼品はブランド牛やウニ、イクラなど、自腹では買えない高級食材をセレクト。丼やパスタにして贅沢な気分に浸ります」。

3万円で手に入れたデロンギのカプチーノマシンで家を"カフェ化"

デロンギのカプチーノマシンは、スマホ決済アプリ「PayPay」で、最大で2割還元になる時期に購入。「家でおいしいコーヒーを飲めるので、カフェやコンビニに寄らなくなりました」。

コンビニの飲み物を買わなくなった。現在、ラテアートを勉強中

おすすめ地元の名産品

資生堂パーラーのチーズケーキ

「資生堂パーラーのチーズケーキは濃厚な味わいと滑らかな口当たりが絶品。個包装になっていてパッケージも素敵なので、手土産としても重宝します」

メルカリで3万円で購入したダイソンのドライヤーで長い髪が6分で乾く

定価5万円のダイソンのドライヤーは、メルカリを利用して3万円で購入。「以前は15分以上かかっていたのに、半分以下の時間で乾く! 朝の身支度を面倒に感じなくなりました」。

2年前に定価5万円のドライヤーを40%オフでゲット

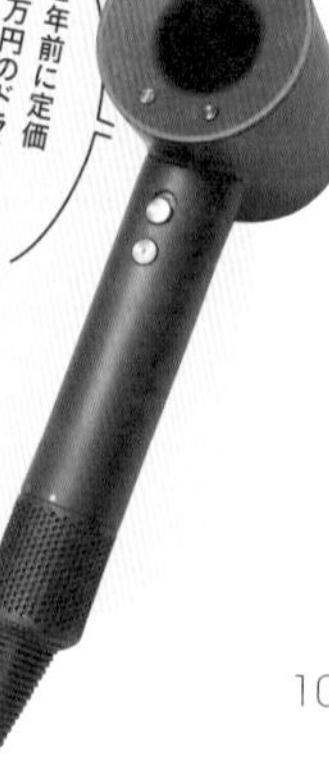

Case 1 / **TOKYO**

お金を 使わない

ジャンボいんげん50円、いちご250円…安い食材で激安ごはん

近所の安売りスーパーや100円均一の「ローソンストア100」をフル活用して、1食100円程度に抑える。「その日の特売食材を買い、それに合わせて献立を考えます」。

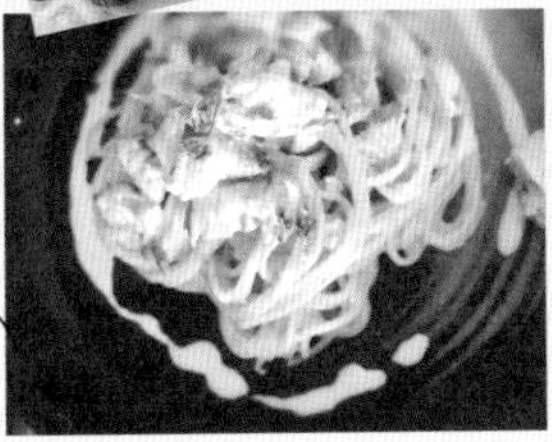

1食50円程度の手作りパスタ

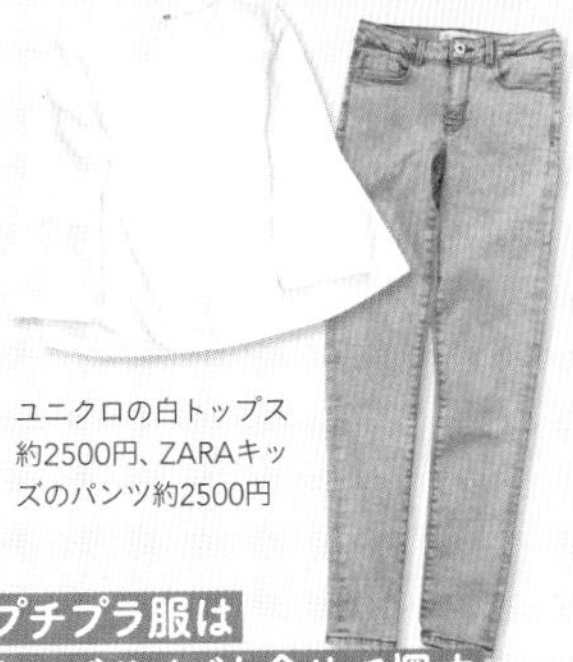

ユニクロの白トップス約2500円、ZARAキッズのパンツ約2500円

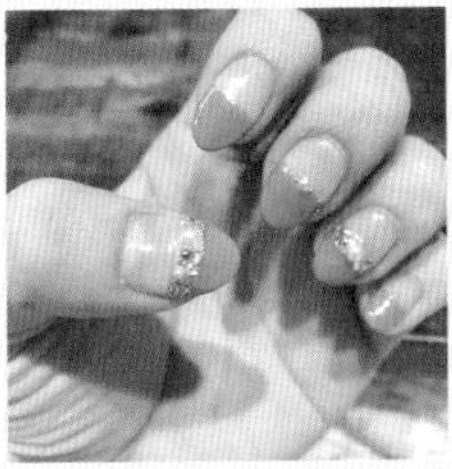

美容系グルーポンでネイル8600円→3000円! お安くきれいに

美容院やネイルには、美容系のグルーポンを活用。「期間限定のキャンペーンと合わせれば、定価の半額以下に! 8600円のネイルが3000円で楽しめます」。

プチプラ服はキッズサイズも含めて探す

服はセール時期を狙い、プチプラでまとめて購入。「ZARAは購入額にかかわらず無料返品できるのが魅力。安くてデザイン豊富なキッズサイズもチェックします」。

事前にリサーチして人気のお土産をチョイス

2泊3日の台湾旅行は宿泊費＆航空券合わせて3万円。お土産には缶詰をセレクト。

趣味の旅は年間5回までトータル10万円以内に収める

年に4〜5回は国内外へ旅行してリフレッシュ。「『トラベルコ』などの比較サイトを利用して、少しでも安いプランをリサーチ。年間10万円以内に抑えます」。

〘1カ月の家計簿〙

家賃	8万2000円
食費	1万円
水道・光熱費	8000円
携帯電話代	1800円
通信費	3600円
服飾費	3000円
美容費	5000円
交際費	5000円
奨学金返済	5万円

LINEモバイルに切り替えてスマホが月1800円までダウン

スマホは月1800円のLINEモバイルに切り替え。「通信速度が遅いときもありますが、あくまでも安さを優先。自宅では月3600円のポケットWi-Fiを使用しています」。

Pontaポイントはお菓子や飲み物がもらえる「お試し引換券」と交換。

コンビニにはお得に買える時期以外は寄らない

普段はコンビニに寄らないと決めているが、「PayPayのキャンペーンで、20%還元になる時期には、スイーツなどを買いました」。

TOYAMA
富山県

data

仮名・35歳・マスコミ
斉藤加奈さん
● ひとり暮らし

勤務時間
8:00〜20:00の
フレックス

手取り月収
25万円前後

手取り年収
360万円

貯蓄・投資総額
1107万円
▶普通預金 742万円 ▶定期預金 273万円 ▶つみたてNISA 42万円 ▶結婚式に出席する予定が3つあるため、手元に現金で 50万円

部署異動で月収10万円減、収支を見直し貯める意識へ

マスコミで働く斉藤加奈さん。入社時は深夜勤務が多く残業代も青天井で、2年目の手取り月収は30万円。しかし、残業の少ない部署への異動とリーマン・ショックが重なり、月収10万円ダウン!「以来、月20万円で生活できるよう、収支を徹底。現金はなるべく使わず、収支管理がしやすいカードや電子マネーを利用します」。昇給した今も、増えた収入分は貯蓄へ。お金を増やす意識も芽生え、つみたてNISAや定期預金を開始。「金利が高いじぶん銀行に口座を開設し、200万円を定期預金に。もっと勉強して増やしたい」。

おすすめ地元スポット

富《ふ》岩《がん》運河環水公園（富山市）

世界一美しい店舗に選ばれたスタバがあることでも有名。隣接する富山県美術館の中から窓越しで見る、運河の眺めも絶景!

Case 2 / **TOYAMA**

貯めワザ

貯蓄は

月1万円
▶積立定期

ボーナスで（年2回）

普通預金
50万円

投資は

月3万2000円
▶つみたてNISA

▶つみたてNISAで資産を増やす
「貯蓄はできていると思うけれど、大半が普通預金なので、勉強して増やすことも考えたい」と、つみたてNISAを開始。現在、評価額は約41万円。1万9160円の利益が出ている。

マネーフォワードで月々の家計を管理

月々の収支管理は、家計簿アプリ「マネーフォワード」で管理。クレカと電子マネーを紐づけているので、収支をチェックするのは週1回。マイナスが続いたら財布の紐を締める。

エクセルで年間ベースの支出を管理

無料版マネーフォワードは1年分しか履歴が残らないので、毎月のデータをダウンロードし、年間収支はエクセルに記入して管理。「イレギュラーな出費を年間ベースで見える化します」。

月3万2000円分をつみたてNISAに

投資信託を始めて3年目。以前はNISA口座で購入時手数料のかからない「日経225ノーロードオープン」を購入していたが、つみたてNISAに切り替えた。「商品を3つに分けて、分散投資」。

〖つみたてNISAの投資商品〗

商品名	積立額	トータル評価額（元金に対する損益）
たわらノーロード日経225	2万円	41万5160円（+1万9160円）
たわらノーロードバランス（積極型）	1万円	
野村つみたて外国株投信	2000円	

※2019年4月時点

ロースハムやポン酢、
甘酒など口コミで
評判がいい商品を
チョイス!

2週間に1度オイシックスで食材購入。おいしさに大満足

食材は2週間に1度、オイシックスで購入。送料無料となる6000円をめどに金額を決めて計画的に購入し、ムダ買いを防ぐ。「6個で398円の卵など割高な商品もありますが、おいしく日持ちする商品が多いので、特に贅沢と思わず、毎回楽しみに利用しています」。

1畳もの広いお風呂で毎晩ゆったり。ガス代はケチらない

1畳サイズのお風呂で毎晩リラックス。「富山県はガス料金が高めで、冬場の光熱費は2万円超えに」。しかし、大好きなお風呂のためには譲れない支出。

お気に入りの入浴剤は、
実家の両親にコストコで
まとめ買いを頼んで、
送ってもらっている

パーシャル機能付き。
肉類や生ハムが
長持ちし、
食材ロスもゼロに

500L冷蔵庫を5万円の値引き、15万円で購入

昨年の猛暑で冷蔵庫が故障し、急遽買い替えることに。家電量販店で値引き交渉し、ネット相場と同等の15万円でクレジットカードで購入。

送料無料になるよう、
まとめ買い

使い心地がお気に入り。基礎化粧品は江原道で揃える

化粧品は肌に合って使い心地のいい江原道をライン使い。便利な定期便を利用しているが、ストックがたまりやすいので、時々休止しては、使い切る。

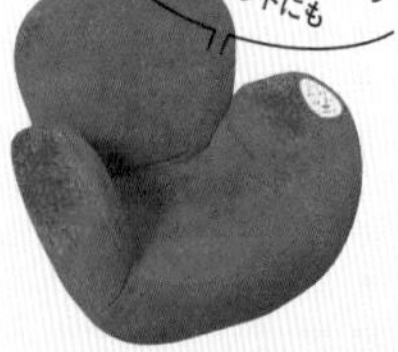

真っ赤なエアリー
シェイプはインテリアの
アクセントにも

3万円のエクササイズチェアでO脚が改善

くつろぎながらエクササイズできるエアリーシェイプは約3万円で購入し、10年間ほぼ毎日使用。「私はこれでO脚が改善されたので、元は十分に取れました」。

薬膳マイスターのテキストを読み、食生活を向上

日常生活や健康にプラスになりそうな本は、買って読み込む。昨年は、日常食材の効能を考えて組み合わせる和漢膳に興味を持ち、薬膳マイスターのテキストを購入。資格取得というより、知識を得ることを目的にテキストで勉強した。

『勝間式 食事ハック』(勝間和代著/宝島社)ほか

使いやすく横一列に
並べた
調理家電が大活躍!

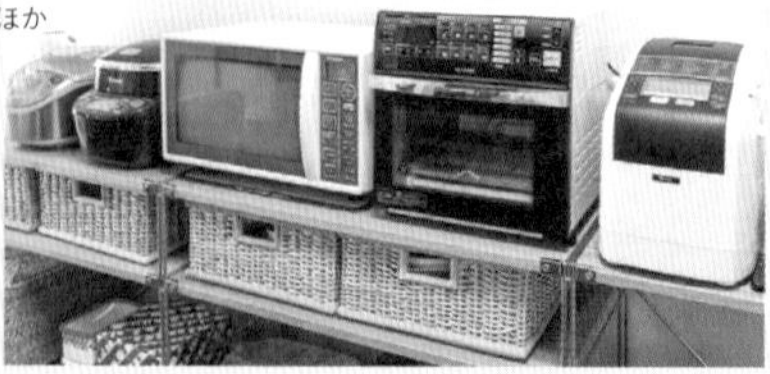

勝間和代さんの効率良い暮らし方に共感、家電に投資

働く女性に向けた生活術を提唱する勝間和代さんの考え方に共感。著書を参考に、約3万円のIH圧力電気鍋、約1万円の「リクック 熱風 オーブントースター」、約1万5000円のホームベーカリーなどを購入して家事を効率化。3月にキッチンを模様替えをした際、よく使う調理家電を横一列に並べ、より家事効率をアップ。

Case 2 / **TOYAMA**

お金を使わない

コンビニやスーパーに“なんとなく”立ち寄らないようになった

快適な部屋が“仕事から直帰したくなる場所”に。立ち寄り阻止

定期的に模様替えをして、引っ越し費用をかけずに気分を一新。居心地のいい部屋は、寄り道防止にも効果大。断捨離でムダも見直した。

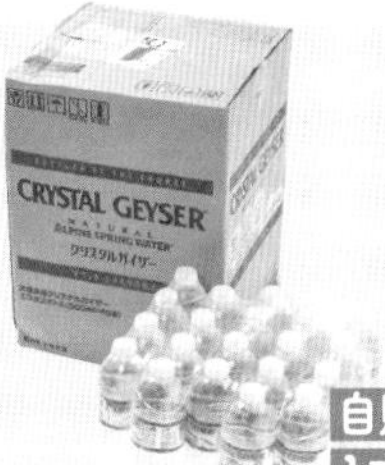

500mlが1本当たり49円。通販なら、重いペットボトルを運ぶ労力も不要

自販機を使わず、1本49円のミネラルウオーターを持参

ミネラルウオーター500ml40本入りを通販で箱買い。通勤時に持参することで、自販機やコンビニでムダ買いをしなくなり、お金と時間のロスをカット。

洋服・小物のセール時は、実店舗もネットも見ない買わない

うっかり買いを防ぐため、セールは実店舗も通販も“見ない”のが鉄則。無印良品やマルイなど定期的に買い物予定のある店舗のみ、ピンポイントで割引期間に購入。

マルイのラクチンきれいパンプスは、10%OFFで購入

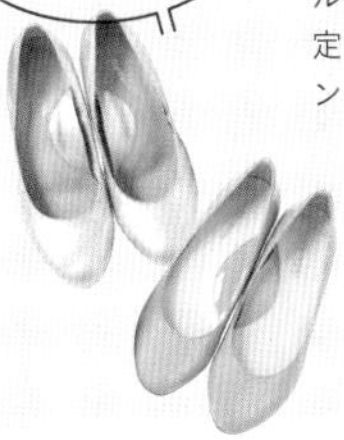

衝動買いしそうなときは、サイトを閉じてクールダウン

買い物は履歴が残る通販で計画的に購入。基本的に衝動買いすることはないが、予定外に欲しいものに出合ったときは、1度サイトを閉じるなどして熟考。買い物の失敗はない。

花粉対策のプラズマクラスターも「買って正解」の買い物

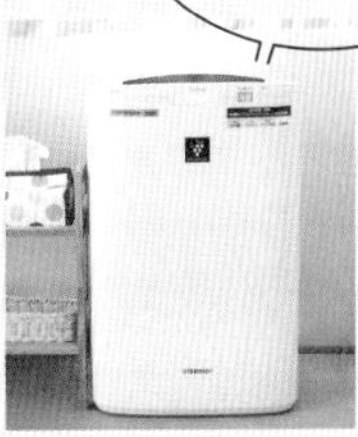

マシンだとお茶の種類に応じて自動で適温に。悩まずおいしいお茶を味わえる

無料レンタルのコーヒー＆ティーマシンで“おうちカフェ”

定期便で専用カプセルを購入し、コーヒー＆ティーマシンを無料レンタル。カプセルはココアやカプチーノ、日本茶など種類も多く、楽しめる。

飲み会は1次会のみで交際費ダウン

以前は2次会、3次会が当たり前だった飲み会も、今は1次会でさっと切り上げるように。交際費が多かった月は、趣味・レジャー費を引き締めて調整する。

〖1カ月の家計簿〗

家賃	6万5000円
食費	2万5000円
水道・光熱費	2万円
通信費＆携帯電話代	1万3000円
趣味・レジャー費	1万円
服飾・美容費	2万~3万円
交際費	1万~2万円
新聞・図書代	5000円
日用品代	1万円
ガソリン代	5000円
親への仕送り	1万円

おすすめ地元の名産品
回転すし店「すし玉」のお寿司

富山は回転すしのネタがハイレベル！ 人気店のこちらでは、富山湾の白エビやホタルイカがセットになった絶品メニューをリーズナブルに味わえる。

服飾、美容、趣味費を袋分け 毎月の予算づくりで貯金額決定

臨床検査技師の中田真由さん。夜勤や土日の勤務が不定期で入るため、月収は21万～26万円と幅がある。冬は寒さが厳しく、光熱費は月1万2000円に上るが、夏は7000円程度と変動する。収入や生活費が変動しても年100万円の貯金目標を達成するため、月1万7000円の積立定期に加え、貯蓄を含めた予算を月末につくる。給料日が毎月16日で、月末までに水道・光熱費が引き落とされるので、残りの金額から、追加の貯蓄額、服飾費、美容費、特別費を決め、袋分けなどで管理。「使える額が目に見え、やりくりしやすいです」。

AKITA
秋田県

data

仮名・26歳・医療・臨床検査技師

中田真由さん

● ひとり暮らし

勤務時間
8:30～17:00

手取り月収
21万~26万円

手取り年収
370万円

貯蓄額
180万円
▶普通預金 174万円
▶積立定期 6万円

おすすめ地元スポット

なまはげ館（男鹿市）

ユネスコの無形文化遺産の1つとして登録。地区で異なるなまはげを見ることができ、男鹿は食べ物もおいしいです

貯めワザ

貯蓄は 月1万7000円以上

▶ 積立定期1万7000円
残業代に応じて普通預金でも
貯蓄

▶ 年100万円貯めるのが目標

最低でも月1万7000円を積立定期。年100万円を目標に、残業代やボーナスで積立額を調整する。「奨学金の一部繰り上げ返済に112万円、脱毛代に28万円支払ったため、今、貯め直しています」。

月末に貯蓄と「積み立て」の予算立て

給与口座とは別に貯蓄用口座をつくり、積立定期に加え、その月に貯められる額を貯蓄。服飾費と美容費は袋分け、特別費は別口座に積み立てる。

貯蓄用口座
(貯蓄月1万7000円)

特別費の積み立て
(月3万円)用口座

服飾費月2000円
現金を引き出し、
袋で管理

美容費月5000円
現金を引き出し、
袋で管理

月1回収支のまとめシートを作る

日々の家計簿はアプリ「Zaim」を使い、月1度、アプリ「Numbers」で資産を把握。「手書きをしていたときもありましたが、デジタルのほうが視覚的に分かりやすいです」。

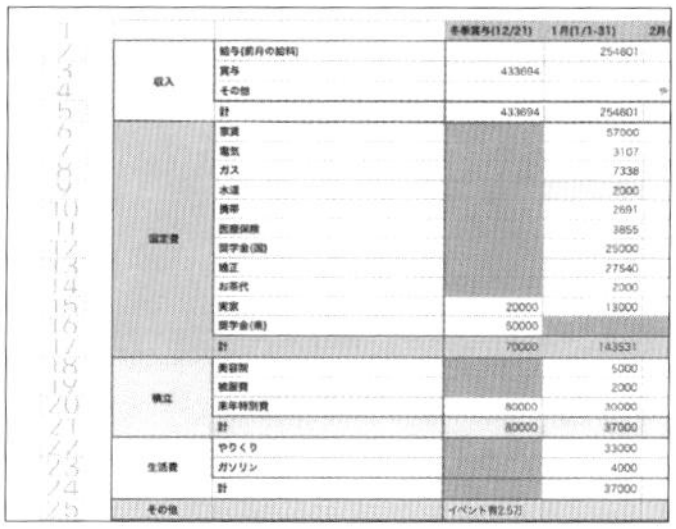

		冬季賞与(12/21)	1月(1/1-31)
収入	給与(前月の給料)		254801
	賞与	433694	
	その他		
	計	433694	254801
固定費	家賃		57000
	電気		3107
	ガス		7338
	水道		2000
	携帯		2691
	医療保険		3855
	奨学金(国)		25000
	矯正		27540
	お茶代		2000
	実家	20000	13000
	奨学金(県)	50000	
	計	70000	143531
積立	美容院		5000
	被服費		2000
	来年特別費	80000	30000
	計	80000	37000
生活費	やりくり		33000
	ガソリン		4000
	計		37000
その他		イベント費2.5万	

アプリNumbersで作った年間収支シート

ガソリン代にも予算を適用

通勤にマイカーは不可欠だが、1回の給油は2000円分と決めている。「なくなったら満タンにするより、総支出額が減りました」。

昨年、伊勢神宮へ

毎月積み立て、年2〜3回は国内旅行

特別費として月3万円を積み立てておき、年2〜3回は旅行するのが楽しみ。「国内中心で、1回当たり6万〜7万円で旅行してます」。

調味料は“ちょっといいもの”を厳選

自炊するようになってから、体調を崩すことが減ったという。「調味料にちょっといいものを使うようになり、自炊も楽しくなりました」。

お気に入りは「男鹿半島の塩」(200gで約550円)

クエンチ ヘアトリートメント モイスト 3800円

クエンチ シャンプーモイスト 2800円

美容師おすすめのシャンプー&リンスで美髪ケア

一時期は“美容院ジプシー”だった。ようやくたどり着いた現在の美容院でおすすめのシャンプーとリンスを使うようになってから悩みも一気に解決!

貯金を崩し念願の脱毛を開始

お金を貯めてなんとしてもやりたかった脱毛。それまで貯めていた貯金を一部崩し、昨年、28万円を一括払いして、ようやく脱毛を始めた。

バッグはいいものを長く使う

毎日使うバッグは機能性を重視して、たとえ値段が張ってもいいものを選ぶ。「2年前に買ったリュックは毎日ヘビロテしているので、大満足です」。

2年前に購入したマリメッコのリュック 1万2000円

おすすめ地元の名産品

2〜3合分の「あきたこまち」

「秋田といえば、あきたこまち! 2〜3合分だけ入ったものは持ち運びにも便利。スーパーでも売っているので、他県の友達によくプレゼントします」

Case 3 / AKITA

お金を使わない

日曜に3時間
かけて手作り

週1回、10品を作り置き

「健康第一なので自炊して、昼もお弁当を持参しています」。料理は少し苦手なので、一気に作り置きし、手間を減らす。「週1回、10品作ります」。

しまむらで購入した
ブラウス
1500円

GUで購入した
ブラウス
990円

2年前にアウトレットで
購入したアズノゥアズの
コート 5000円

洋服はプチプラか、アウトレットで購入

GU、しまむら、ユニクロを愛用。シーズンごとに新作をチェック。試着をした上で、セールを待つ。「アウトレットでお値打ちのブランドを探すこともあります」。

日用品はPBブランドを活用

洗剤やトイレットペーパーなどの日用品は、プライベートブランドのものを選ぶ。「品質の違いはあまり感じないので、十分満足しています」。

スーパーや100均ショップのPB品を使います

auからLINEモバイルに乗り換え、月7000円節約

一昨年の夏にLINEモバイルに切り替えた。月間のデータ容量は3GBのプランを使う。「最初は速度の遅さが気になりましたが、今は快適に使っています」。

au時代に使っていた
iPhone7 Plusを
継続して使用

〖1カ月の家計簿〗

家賃		5万8500円
食費		1万円
水道・光熱費		1万2000円
携帯電話代		2700円
交際費(外食代)		1万円
服飾費	袋で積立	2000円
美容費	袋で積立	5000円
歯列矯正費		3万3000円
特別費	別口座で積立	3万円
日用品代		3000円
ガソリン代		4000円
奨学金返済		2万5000円
実家に入れるお金		1万3000円
医療保険		4000円

図書館をフル活用、3回以上借りるほど気に入ったら購入

帰宅時や休日には、自宅から10分の図書館へ。ファッションや実用書、マネー関連の本を中心に借りる。「同じ本を3回以上借りたら、購入するつもりです」。

図書館で借ります

『フランス人は10着しか服を持たない ファイナル・レッスン「凛とした魅力」がすべてを変える』(ジェニファー・L・スコット著、神崎朗子訳/大和書房)

断捨離断行中! テレビを手放し、洋服は30着未満に

2年前から少しずつ断捨離中。200着以上あった洋服が今では30着未満に。昨年にはテレビを捨て、「本を読んだり、家でヨガをしたり。家時間が充実してきました」。

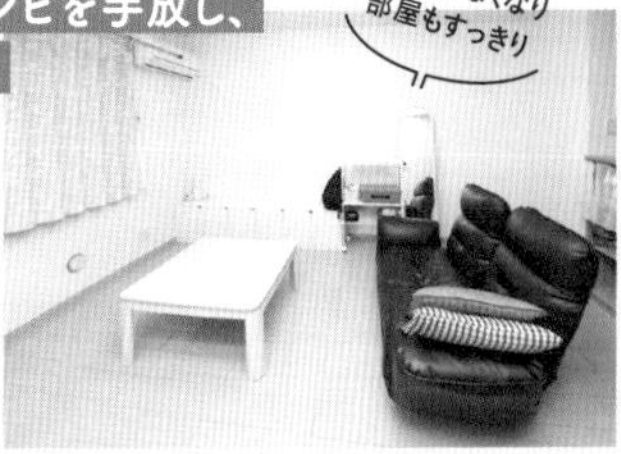
テレビがなくなり
部屋もすっきり

OSAKA
大阪府

手取りの3割を貯蓄&投資。目標は40歳記念のモロッコ旅行

「お金を貯められないタイプだった」綿貫めぐみさん。30歳でFX詐欺に遭い、約100万円を2年半で返済したことで、「今度は自分のために貯金しよう」と奮起。お金に関する本を読みあさり、〝毎日100円貯金〟と純金積立をスタート。その後、積立定期や旅行会社の積み立て、個人年金保険も開始。iDeCoや投資信託の積み立ても始め、月々の貯蓄額や投資額を増やしていった。

現在は、手取り月収の3割以上を貯蓄と投資に回すが、「ほぼ自動引き落としで、貯蓄・投資分は〝なかったもの〟と考え、残った金額で生活するからストレスはない」とか。4年後の〝40歳記念モロッコ旅行〟を目標に、旅行積立も着々と進行中だ。

貯めワザ

貯蓄は 月5万3000円

▶普通預金1万6000円 ▶証券口座の預り金1万円
▶積立定期1万4000円 ▶個人年金保険1万円
▶旅行積立3000円

▶趣味の旅行用に
大好きな旅の資金づくりに、旅行会社の旅行積立を積極的に活用している。

投資は 月1万2000円

▶純金積立3000円 ▶iDeCo 5000円 ▶投資信託4000円

data

仮名・36歳・
金融・コールセンター
綿貫めぐみさん
● ひとり暮らし

勤務時間
9:00〜17:00

手取り月収
21万円

手取り年収
約**270万円**

貯蓄・投資総額
270万円
▶普通預金13万円 ▶証券口座の預り金34万円 ▶定期預金64万円 ▶純金積立47万円 ▶個人年金保険60万円 ▶旅行積立12万円 ▶iDeCo12万円 ▶国債6万円 ▶投資信託16万円 ▶株式6万円

Case 4 / **OSAKA**

お金を使う

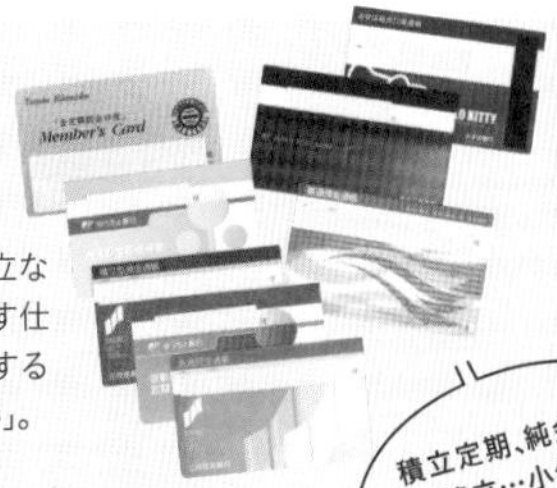

積立定期、純金積立、旅行積立…小分けに貯蓄

先取りで貯めて ストレスなくお金を使う

積立定期のほか、純金積立、旅行積立など、自動引き落としで“貯まる＆増やす仕組み”をつくる。「少額ずつでも、合算すると“意外と貯まった”と思えてうれしい」。

最近回ったお遍路のご朱印帳とトルコ旅行の写真

旅行会社の積み立てで 趣味の旅行も計画的に

旅行会社の積み立てを活用し、海外旅行や四国八十八ヶ所巡りをした。「旅行積立はサービス額率が1％以上とおトク。将来の旅行資金として続けています」。

家計簿をつけず “ざっくり見える化” でストレスなし

食費はスーパーの プリペイドカードで出金管理

「家計簿の細かい管理は、『これだけしか使えない』とストレスに」。家計簿代わりにスーパーのプリペイドカードに月2万円入金し、食費を見える化して管理。

お金を使わない

部屋づくりのきっかけになった『持たない暮らし』（金子由紀子著／アスペクト）。

断捨離でスッキリ空間、余計なモノを 買わないように

きっかけになったのは1冊の本、『持たない暮らし』。スッキリとゆとりのある空間をキープすることで、余計なモノを買わないように。

通勤30分圏内で駅近物件に満足

家賃5万円以内で 固定費を抑える

固定費のなかで一番大きな支出額の家賃。「5万円以内でも、地道に探せば納得の行く賃貸物件に出合えます。固定費を抑える意識を持ちたい」。

〖1カ月の家計簿〗

家賃	4万9000円
食費	2万4000円
水道・光熱費	5000円
通信費(ネットなど)	3000円
携帯電話代	2500円
娯楽費	2万円
服飾費	6000円
日用品代	5000円
交際費	1万円
スキルアップ費	1万2000円
保険料	2500円
実家へ仕送り	6000円

「OSAKA PiTaPa」でオフの日の移動交通費を抑えられる

地元の交通ICカードの 利用額割引サービスを フル活用

交通系ICカード「OSAKA PiTaPa」の利用額割引マイスタイルを利用。頻繁に利用する2駅を登録すると、6カ月定期券の1/6を上限額に、定期券より幅広いエリアで利用できるサービスをフル活用。

病院でのボランティア活動で表彰状

無償ボランティアで プライベートが充実

「お金に振り回されない生き方は大切」と考え、休日は社会貢献の時間に。病院でのボランティア活動は、現在までにトータル200時間を達成!

”100日断捨離“で欲しい服が分かり、服飾費年20万円ダウン

SAITAMA
埼玉県

家賃を抑えるために、通勤片道1時間圏内の埼玉県でひとり暮らしをしている三浦真理さん。食材は、地元スーパーの日曜朝の激安タイムに1週間分まとめ買いをするほか、弁当は週5日持参するなどして、年100万円以上の貯蓄目標を達成！

洋服が好きで、プチプラ服に月5万円以上使っていた時期もあったが、「〝100日間洋服を買わない〟チャレンジをして意識が変わりました。安い服を使い捨てるのではなく、質の良いものを吟味して買うことで、年間の服飾費が20万円ほど減りました」。定期的にノーマネーデーを設け、節約意識の向上にも役立てる。「お金の使い方にメリハリがつくようになりました」。

貯めワザ

貯蓄は 月6万円

- 普通預金 3万5000円
- 一般財形 2万5000円

ボーナスで（年2回） 約100万円

- 普通預金 約50万円
- 一般財形 20万円
- 貯蓄型保険 30万円

▶将来に備える資金としてキープ

貯蓄は財形がメイン。「結婚など、ライフスタイルの変化に備えるための資金として考えています」。

data

仮名・30歳・
商社・一般事務
三浦真理さん
● ひとり暮らし

勤務時間
8:30〜17:30

手取り月収
23万5000円

手取り年収
395万円

貯蓄・投資総額
約720万円

- 普通預金 250万円
- 一般財形 350万円
- 貯蓄型保険 120万円

Case 5 / **SAITAMA**

お金を使う

毎週通うジムのウエアは多少値が張ってもテンションが上がるものを

週1回のペースでスパ併設のジムに通い、筋トレやヨガで汗を流す。「モチベーションを高めるため、ウエアは値段よりもデザイン優先でセレクト」。

職場での身なりは大切。良質な服を吟味し尽くしてゲット

服は5年以上着られるものを選ぶ。「ラルフローレンのコートは1年悩んだ末に購入。靴は、割安で新品・中古出品が手に入る海外オークションサイト『eBay』で買います」。

フランス語は約2年間で、日常会話に困らないレベルにまで上達。

一生の財産! お茶&語学学校に月9000円

月1回、フランス語教室と茶道教室に通ってスキルアップ。「一生使える知識を身に付けることで、自分に自信が持てるように」。

年に2度は海外旅行へ。パリ・ウィーン10日間を15万円で満喫

年2回の海外旅行は半年以上前に予定を決めることで、航空券を割安なうちに手配する。「比較サイトを頻繁にチェックし、『底値だな』と判断したときに購入します」。

お金を使わない

会社のお菓子はファミリーサイズを小分けにして持参

会社でつまむお菓子は大袋を買い、小分けにして持参。「コンビニで買うと高くつきますが、ファミリーパックを買えばお得。1袋で1〜2週間は持ちます」。

1週間分の食材は週末朝イチの激安タイムにまとめ買い

近所のスーパーが割引になる日曜朝に、1週間分の食材をまとめ買い。「使い回しの利く豚こま肉は、大パックで買い、小分けして冷凍庫へ」。

〘1カ月の家計簿〙

家賃	5万9000円
食費	1万5000円
水道・光熱費	1万円
通信費(ネットなど)	5000円
携帯電話代	5000円
服飾費	2万5000円
美容費	1万円
日用品代	1万円
交際費	1万5000円
習い事代	9000円
ジム代	1万2000円

月会費1万2000円のスパをお風呂代わりに、光熱費を抑える

自宅のお風呂はほとんど使わず、近場の温泉施設を利用。「大きな湯船でリフレッシュできて、肩こりも解消。割高なプロパンガス代も抑えられます」。

月に3〜5日は「ノーマネーデー」

外出予定のない平日は「ノーマネーデー」と決めて、何も買わない。「その日は帰り道や勤務中のコンビニもがまん。ムダなものを買わない習慣がつきました」。

HOKKAIDO
北海道

8年間堅実に積み立てた貯蓄で2度の入院費用もカバー

理学療法士として病院に勤務する定岡真奈さん。就職して、毎月の残金を貯蓄に回そうとしたが、通帳の残高はなかなか増えなかった。「姉から勧められて、毎月2万円を積立定期にするようにしたら、貯められるようになりました」。貯蓄を始めて約8年間のうち、2度のケガと手術を経験。「入院費や働けない間の生活費などが必要になり、当時貯蓄が２４０万円と、まとまったお金があってよかったです」。

現在は積立定期に加え、月２万円をｉＤｅＣｏの定期預金に積み立て。節約して手元に残せた分を、ゆうちょ銀行の普通預金に回している。「目標は両親と姉とのハワイ旅行。家族で存分に楽しみたいです！」。

貯めワザ

貯蓄は 月4万円

- 積立定期 2万円
- iDeCo 2万円(定期預金)

ボーナスで(年2回) 定期預金25万円

両親をハワイ旅行へ招待するための資金づくりに

2年後に結婚35周年を迎える両親を、姉と2人でハワイ旅行に招待したいと思い、コツコツ貯蓄中。

data

仮名・31歳・
医療・理学療法士

定岡真奈さん

● ひとり暮らし

勤務時間
8:00〜17:00

手取り月収
21万円

手取り年収
320万円

貯蓄額
358万円

- 定期預金 304万円
- iDeCo 54万円

Case 6 / HOKKAIDO

お金を
使う

節約のために
生活を犠牲に
しないのが
ルール

友人とのランチや飲み会は我慢しない

友人とのランチや飲み会は、ケチらず思い切り楽しむのが基本ルール。「我慢するとストレスがたまりそう。楽しいことは仕事への活力にもなります!」

服は夏と冬の“買ってもいいよWeek”にまとめて購入

夏と冬の年2回、“服をたくさん買ってもいい時期”をつくり、欲しい服を購入。「予算は1回約4万円。クレカのポイントアップの期間に購入します」。

疲れたら無理せず出来合いの品にも頼る

基本は3食自炊し、おかずを作り置きしてお弁当にも活用している。「でも、疲れているときは冷凍食品や出来合いに頼ることも。無理は禁物」とマイペース。

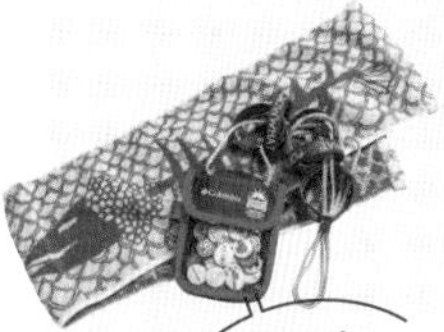

一番好きな
アーティストは
サカナクション

好きなアーティストのライブやフェスでは惜しまずグッズも購入

趣味はライブやフェスに行くこと。ここ数年、夏のフェスには欠かさず出かけている。「ライブ会場では、グッズの購入も楽しみのひとつです」。

お金を
使わない

特売日とポイントアップデーにまとめて購入

よく利用するスーパーは1つに決め、ポイントカードを使用。食材は特売日やポイントアップデーにまとめて購入。「作り置きで健康にも気を配れて一石二鳥」。

21時以降はネットショッピングを禁止

夜中にネットで健康器具を購入し、後悔した経験がある定岡さん。21時以降はネットショッピングを禁止し、本を読むなど自分磨きの時間に充てている。

【1カ月の家計簿】

家賃	5万4000円
食費	2万5000円
水道・光熱費	1万5000円
携帯電話代	1万2000円
趣味・レジャー費	1万5000円
服飾・美容費	約1万2000円
交際費	約1万円
新聞・図書費	1000円
保険料	6000円
奨学金返済	2万円

コーヒーショップにマイボトルを持参しお得に購入

「マイボトルは常に携帯しています」。家を出るときは好きなお茶を入れ、空にした後はコーヒーショップに持参。「割引が受けられてお得です」。

好きな数字と
同じ金額を、毎日
楽しみながら貯金

1日1回、小銭で「365日貯金」を実践

ノートに1～365の数字を入れたマスを書き、1日1回、貯金する小銭の金額と同じ数字を塗りつぶす。「楽しいし、お財布も軽くなっていいですよ」。

FUKUOKA
福岡県

月1回5万円だけ下ろして生活
憧れのバイオリンを習い始める

　ひとり暮らし歴10年の飯田まどかさん。現金払いを徹底し、使うのは月に最大5万円。これで食費や日用品、洋服、趣味、習い事の費用を賄う。会社までは徒歩通勤。制服支給なので、通勤服もいらない。近所のスーパーのお買い得品で、メニューを考えて自炊する。「ランチには社食が使えることもあり、食費を抑えられます」。

　一方、お金をかけているのは、習い事のバイオリン。「小さい頃から憧れていて、社会人になりようやく始められました」。

　他にも大好きな専門書や文具、洋服は好きなだけ買っているつもりだが、「月5万円の範囲でやりくりすることで、本当に好きなものだけを厳選して買えるようになりました」。

data

仮名・28歳・
建設・事務

飯田まどかさん

● ひとり暮らし

勤務時間
8:00〜18:00

手取り月収
18万円

手取り年収
250万円

貯蓄額
500万円
▶普通預金500万円

貯めワザ

貯蓄は 月7万円以上
▶普通預金

▶結婚資金&将来の生活費用に
今はムダな出費を抑えることに注力。ATMが無料の時間帯は勤務時間中なので、引き出し手数料を最小限に抑えるために、現金を下ろすのは月1回だけと決め、残りを貯蓄。

Case 7 / FUKUOKA

お金を使う

プチプラを組み合わせ、好きなものに囲まれて暮らす

普段は300円程度のアクセを月1～2個買う。年に1回だけ高額なジュエリーを自分へのご褒美として購入。「幅広い用途で使えるものを選んでいます」。

年に1回ご褒美買い。ネックレス約3万円、指輪約2万円
1点約300円のプチプラアクセ

3000円以上の専門書でも好きなら迷わず購入！

『西洋美学史』（小田部胤久著／東京大学出版会）ほか

1カ月に1冊以上は専門書を読む

美術や哲学、数学などの専門書を読むのにハマっている。1冊を読むのに時間はかかるが、「新しい世界が広がり、多い月は3冊ほど読んでいます」。

小さい頃から憧れだったバイオリンを社会人になって開始

2週間に1回、憧れのバイオリンレッスン

バイオリンのレッスンは月2回、マンツーマンでみっちり。楽器演奏がOKなので、夕食後に練習するのが日課。「楽器を弾いている時間が楽しく、気分転換になっています」。

旅行の記録をノートにまとめるのも好き

2年に1回の海外ひとり旅

休みを友人と合わせるのが難しいので、海外ひとり旅。日程と旅先、安全を重視し、1年分のボーナス相当額（約20万～30万円）を充てて、楽しむ。

お金を使わない

洋服は2カ月に1回、気に入ったものを1着だけ

「通勤服がいらないので、自分好みの服を厳選して買います」。買うのは2カ月に1回と決めている。7000～8000円の服を1着、買うことが多い。

ダズリンのワンピース約7000円

帰宅時にスーパーでその日のお買い得品を買って自炊

帰宅時にスーパーに寄るのが日課。その時々に安いもので、メニューを考える。「健康を考え、野菜メインで、冷凍食品やお菓子は買いません」。

ヨーグルトも安いときにまとめ買い

〖1カ月の家計簿〗

住居費	5万5000円
食費	1万円
水道・光熱費	3000円
携帯電話代	7000円
交際費	1万円
服飾費	1万円
習い事代	1万円
日用品代	5000円

アンケートモニターで2カ月で1万円稼ぎ、お小遣いに

お小遣いになればと、4年前に5種類のアンケートモニターに登録。夕食後の時間をアンケートの回答に充てる。「1～2カ月で1万円稼げています」。

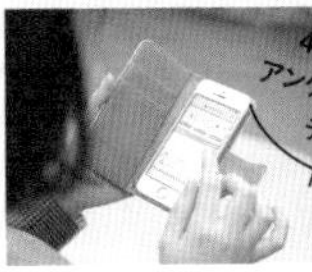
夕食後に4～5種類のアンケートサイトをチェック

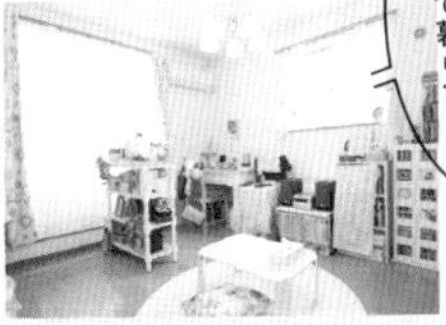
最寄り駅からは遠いが、好きなものに囲まれて暮らす

徒歩通勤できる部屋に住む

最寄り駅からは20分程度と遠いものの、会社に近く、1LDKの間取りで楽器が弾けるという好条件の物件に暮らす。「駅近物件より家賃もお得なので、正解でした」。

3年半で奨学金を繰り上げ完済 初の昇給後は月5万円貯めたい

GIFU
岐阜県

メーカーで働く中村佳代子さん。学生時代の貯蓄はほぼゼロ。社会人になり、奨学金320万円の返済を優先することにした。月3万円の返済に加え、ボーナス時には50万円以上を繰り上げ返済し、3年半で完済。「以後、返済分をそのまま貯蓄に回すので、無理なく貯められています」。ムダな支出を防ぐため、交際費と服飾費を合わせた〝自由に使える現金〟を月4万円で設定。化粧品代はカード払いでポイントを貯めつつ、週単位で集計し、使い過ぎを防ぐ。「4月に初めて昇給したので、先取り貯蓄を月5万円にアップ予定。ボーナスや昇給は日ごろの成果で決まるため、仕事を頑張ることが貯蓄への近道だと思って頑張ります」。

貯めワザ

貯蓄は 月4万円

- 積立定期 3万円
- 普通預金(旅行用) 1万円

ボーナスで(年1回) 定期預金40万円
普通預金10万円(旅行用)

▶車資金&旅行用に
旅行用として年間22万円を先取り貯蓄し、年1回の海外旅行や国内旅行代に。定期預金は来年、車の頭金に使う予定。

data

仮名・26歳・
製造業・貿易事務
中村佳代子さん
● 実家暮らし

勤務時間
8:30〜17:30

手取り月収
18万円

手取り年収
279万円

貯蓄額
140万円
- 積立定期 30万円
- 定期預金 90万円
- 普通預金 20万円(旅行用)

Case 8 / GIFU

お金を使う

着付け教室
半年(全12回)
計1万1700円

1年間で伊勢神宮など17社の御朱印を集めた。旅の記録として日付・訪問地を見返すのも楽しい。

休日のお出かけに、交通費はケチらない

土日はほぼ外出。「高速代を惜しまず、伊勢や滋賀など遠方にも日帰りでドライブ。インスタで花の満開時期などを調べて、タイミングを逃しません」。

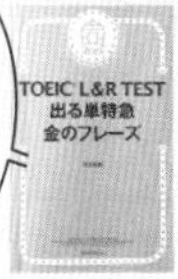

TOEICを独学で勉強

『TOEIC L&R TEST 出る単特急 金のフレーズ』(TEX加藤著/朝日新聞出版)

料理教室のチケット購入代
約25万円

「スキルは一生もの」。身に付けたいことには惜しまない

自由の利く独身の時期に、一生役立つスキルの習得に励む。「チケット制で空き時間に通える教室や大学の公開講座を活用し、コスパ良く学びたい」。

10年後の自分にも似合う、本物を選んで長く愛用

「必需品は飽きの来ないものを」と考え、入社1年目に一生ものとなる腕時計と財布を奮発。「財布は10年後も愛用できるブランド・柄を選びました」。

ルイ・ヴィトンの長財布
約7万円

セイコー ルキアの腕時計
約6万円

お金を使わない

ドア to ドアの車通勤はムダ遣いを防げる

車通勤で寄り道なし、平日使うお金は0円

通勤は車で15分。お弁当と水筒を持参するため、平日に使うお金はほぼ0円。「『買い物は週末に』がマイルール。家計簿をつけるのもラクです」。

スマホの「リマインド」機能に、憧れをストック

「こんなおうちに住みたい」「地元の行きたいお店」などタイトルごとに分けて記入

スマホの「リマインド」機能を使って、行きたい場所や欲しいモノを随時メモ。行動のきっかけになる上、“希望リスト”を眺めるだけで満足して、衝動買いの予防にも。

自然な黒髪キープで、美容院は年3回

2年前にヘアカラーをやめ、黒髪に。「美容院に行く頻度が3〜4カ月に1度になり、気楽です。美容費は自己投資と考え、強弱をつけて楽しんでいます」。節約できた分、まつげパーマに充てて、アイメイクの手間が激減。

【1カ月の家計簿】

家に入れるお金	3万円
携帯電話代(スマホ端末代含む)	8500円
趣味・レジャー費	1万5000円
服飾費	2万円
交際費	2万円
美容費	5000円
新聞・図書費	3000円
スキルアップ費	1万円
日用品代	1万5000円
保険料	1万2000円
生命保険	7000円
自動車保険	5000円

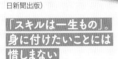

YAMAGATA
山形県

ムダ買いを控え、使うときは使う
メリハリで貯蓄もストレスフリー

　実家暮らしの谷口愛美さんは、毎月6万5000円を実家に入れつつ、残りの収入で諸経費をやりくりしている、しっかり者。その秘訣はスケジュール帳を活用した「家計簿」だ。「支出の傾向を色分けしてチェック。これを始めてから〝会社帰りにコンビニでお菓子を買ってしまう〟という傾向が見えてきたんです。それ以降、漫然とコンビニに行くのを控えるようになりました」。

　ムダな支出を抑える分、趣味への支出は惜しまない。好きな文具や本、ライブチケットなどは迷わず購入する。さらに、普段は外食を控える一方、友人らとの外食はとことん楽しむそう。「貯金をストレスにしないことが、何よりの貯めワザですね」。

貯めワザ

貯蓄は 月7万円

▶ 積立定期

▶ 実家を出るときの生活費用

社会人になったとき、家族の勧めで月5万円の積立定期を開始。昇給のたびに積立額を上げ、現在は月7万円ずつ積み立てている。車関連の経費も月5000円ずつ普通預金に入れておく。

data

仮名・35歳・
サービス

谷口愛美さん

● 実家暮らし

勤務時間
シフト制8時間勤務

手取り月収
20万円

手取り年収
250万円

貯蓄額
500万円

▶積立定期 500万円

Case 9 / YAMAGATA

お金を使う

ボーナス時に長く使えるブランド品を購入

ファッション小物はボーナス時に、流行に左右されず長く使えるブランド品を購入することにしている。高コスパでの購入を目指して事前の情報収集もしっかりと。

お気に入りのグッチのバッグ約4万円

本への支出は知識が得られ、プラス面が多い！

本の購入は趣味と実益のWメリット

本好きな谷口さんはこれらへの支出も「自己投資」。ジャンルは「好きな作家もの」、買い物の計画用に「モノ&ファッション本」、管理職なので「自己啓発本」も。

『古賀史健がまとめた糸井重里のこと。』（糸井重里、古賀史健共著／ほぼ日文庫）ほか

コスパ抜群！デジタル写真をその場でシールにできるiNSPiC

気に入ったマステは我慢せず即買い

趣味の文具代は"自己投資"

文具フリークの谷口さん。ペンやマステ、シールなどへの出費は「自己投資」として計上し、あえて購入を我慢しないそう。「自分をウキウキさせてくれる必須アイテムです」。

家でいれたお茶入り水筒を一緒に携帯

学生時代からお弁当を手作り

友人・知人との会食の予定以外では外食をしない。お弁当作りは学生時代からの習慣。継続のコツは「夕食の残りを活用したりと、"手軽さ"を大切にすること」。

お金を使わない

カードが10枚入る財布を愛用

財布がいっぱいになったら、50円以下の小銭を貯金

小銭貯金も行う。50円・10円はフタなしの貯金箱へIN。貯金箱がいっぱいになったら銀行へ。5円・1円は別の貯金箱に入れ、端数の支払いで使う。

〘1カ月の家計簿〙

家に入れるお金	6万5000円
携帯電話代	1万円
趣味・レジャー費	1万円
服飾費	5000円
美容費	5000円
交際費	1万円
新聞・図書代	1万円
スキルアップ費	1万円

赤＝ムダ遣い
青＝自己投資
黒＝必要経費

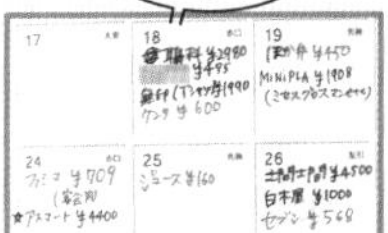

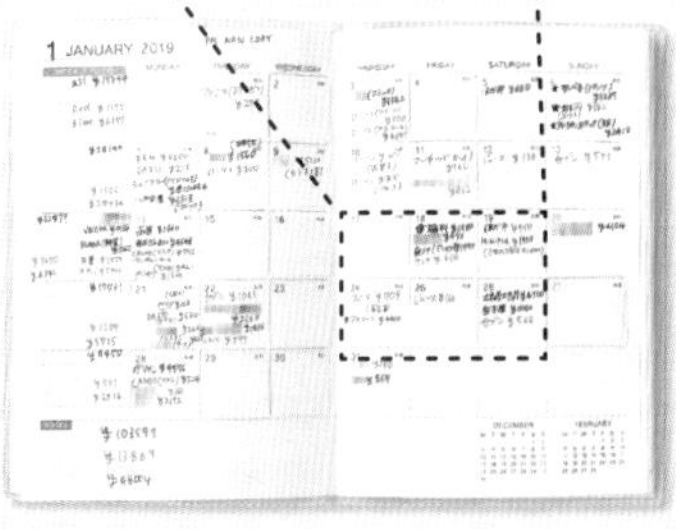

マンスリーのスケジュール帳に赤・青・黒で支出を色分け

月の予定を見開きで管理するスケジュール帳を家計簿に転用。「ムダ遣い・自己投資・必要経費」と項目ごとに色分けし、「月の支出傾向」をひと目で分かるよう管理。

お金管理も
ときめき
がポイント

月収20万円女子の
メリハリ家計の教科書

収入が多くても、少なくても、お金の使い方にはメリハリが大切。
月収20万円女子の家計をひもときながら、メリハリ家計を実現するコツを解説します。

メリハリをつけるには〝ときめき〟がポイント

「日々のお金をどう使うかに、無意識になっている人が意外と多い。ちょっとした気づきがあれば、お金の使い方にメリハリがつき、貯められるようになります」。こう話すのは、家計コンサルタントの八ツ井慶子さん。とはいえ、家計簿をつけようと思ってもなかなか続かない人は多い。「家計簿は、どうお金を使ったかという結果。家計を改善したいなら、どう使ったかの結果に至るまでの行動を振り返り、その行動を変えていく必要があります」。

行動を変えるためのキーワードが〝ときめき〟。「ああこれを買ってよかった、ここにお金を使って満足したという経験は、思い出したときにもときめきがあるはず。買って後悔したものにはときめきはありません」。ときめかないものにお金を使わない。これがメリハリ家計の第一歩となる。具体的な方法を次ページから学んでいこう。

この人に聞きました

家計コンサルタント
八ツ井慶子さん

生活マネー相談室代表。城西大学非常勤講師。「人生の主人公はお金ではなく、あなた自身」をモットーに家計改善をサポート。著書に『お金の不安に答える本（女子用）』（日本経済新聞出版社）など。

月収20万女子はこんな人！

"月収20万円女子"は、服飾や美容、趣味といった費目にもちゃんとお金を使いつつ、
貯蓄や投資に一定額を投じているメリハリ上手でした。

〖居住形態〗

ひとり暮らし	31.6%
実家で親と同居（独身）	24.6%
夫と2人暮らし	19.3%
夫と子供と家族暮らし	15.8%
その他	8.7%

〖現在の貯蓄・投資総額〗

100万円未満	5.4%
100万〜300万円未満	14.3%
300万〜500万円未満	23.2%
500万〜700万円未満	14.3%
700万〜1000万円未満	16.1%
1000万〜1500万円未満	10.7%
1500万円以上	16.0%

〖1カ月の平均生活費〗

住居費	4万3192円
水道・光熱費	7820円
携帯電話代	8037円
通信費	4021円
食費	2万3019円
日用品代	6360円
服飾費	8653円
美容費	7265円
交際費	8346円
新聞図書費	2533円
スキルアップ費	3468円
趣味・レジャー費	9000円
保険料	1万6608円

〖貯蓄・投資額〗

5万7585円

計20万5907円

アンケート概要

2019年3月に日経WOMAN公式サイト上で実施。401人（平均年齢39.9歳）から回答を得た。手取り月収15万円以上、25万円未満（月収20万円女子）の女性は75人で最多。月収20万円女子のうち、手取り年収、貯蓄・投資総額、1年間の貯蓄額、生活費、居住形態について回答のあった57人についてまとめた。

消費も節約も、ときめくことに集中すればOK!

ときめき感度を上げて、家計にメリハリをつける

収入

ときめくものにお金を使い、後悔するお金の使い方をなくすのがメリハリ家計のポイント。「お金を使うときの感情を無視していては、いい消費と悪い消費を区別できません」。

節約して貯蓄

節約も、無理なやり方では続かない。「いかに節約するか、と考えるよりも、いかにときめくことに使うかで考えると気持ちが前向きになります」。

消費

×悪い消費

買って後悔するものや、なぜ買ったか思い出せないもの。「便利だから必ず使うと思っても1度も使わなければ、悪い消費になります」。

＝

ときめきで判断すれば減らせる

○いい消費

買ってよかったもの・こと。「なぜ買ったかや、気に入っているかをすぐ説明できる。いい消費には必ずときめきポイントがあります」。

＝

ときめき感度を上げれば厳選できる

きちんと貯めることができるメリハリ家計にchange!

読者が実践！

月収20万女子のときめき感度を上げる節約ワザ

ときめき、楽しみながら節約している人が
少なくない“月収20万円女子”。
彼女たちの、節約できて、
満足度も高い方法を紹介！

ワザ 1 お金のかからない趣味を持つ

趣味はジョギングとお菓子作り。ジョギングだと、ジムに行く必要もないし、自分の都合のいいタイミングでできる。お菓子作りで健康にも節約にもなり◎。（40歳・医療・看護師）

ワザ 2 服は“1軍”を少数だけ持つ

骨格診断やカラー診断に加え、ファッションアドバイスの花鳥風月スタイル診断を受け、自分に似合う“1軍”の服を少量だけ持つようにしています。

（45歳・金融・事務）

ワザ 3 1年服を買わないチャレンジ中！

以前は衣替えのたびに服を見直し、「セールで買ったものの、着ないまま衣替えで捨てる」の繰り返し。今年は、1年服を買わないチャレンジをしています！

（40歳・広告・事務）

ワザ 4 メイク塾で自分を魅力的に見せるアイテムを知る

メイク塾で、自分を魅力的に見せるメイクや色を学び、必要最低限のアイテムを購入。浮気せず、足りなくなったものを買い足すだけです。

（45歳・金融・営業事務）

ワザ 5 ハトムギ化粧水をベースに自分流にカスタマイズ

ハトムギ化粧水に、手作り化粧品の店で自分に必要な成分を加えてブレンド。市販品を買うより安くて、肌に合うものを使えるので満足してます。

（29歳・福祉・管理栄養士）

消費のときめき感度の上げ方は次ページへ

家計簿は不要、レシートを取っておくだけ！

消費のときめき感度の上げ方 3つのステップ

「お金を使うときの感情＝ときめき」に敏感になればいいのは分かったけれど、実際にどうすればいいの？　3つのステップで、特に効果の出やすい、消費のときめき感度を上げてみよう。

STEP 3 ― STEP 2 ― **STEP 1**

費目を2つに分ける

消費のなかでも、ときめき度に直結して支出額が変わりやすい費目とそうでないものとがある。支出額が毎月変わるかどうかに着目して、2つに分類しよう。

ときめき度で変わる【マインド費目】

＝

毎月やりくりして支出額が変わるもの

例）
- 食費
- 外食費
- 趣味費
- 交際費
- 交通費など

▼

項目ごとに“ときめき”度をチェック

「気持ち次第でいくらでも金額が変わる」費目。自分がどんな費目にときめくのかをチェックしてみよう。

学べば削り方が分かる【メソッド費目】

＝

毎月ほぼ決まった額の支出があるもの

例）
- 家賃
- 水道・光熱費
- 通信費
- 新聞代
- 生命保険料など

▼

専門家に聞くなどしてとことん調べる

ノウハウを知れば、支出額を減らせる。専門家に聞くか、自分で徹底的に調べて。ネット情報は、公式サイトで事実かどうか必ずチェックを。

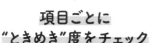

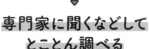

STEP 3 — **STEP 2** — STEP 1

“ときめき”度の低そうな費目を整理

マインド費目のうち、ときめきと聞いてピンと来なかったら、その項目は改善のチャンス。ときめき感度を上げていけば、ムダな買い物は減らせるはず。

買ったアイテムごとに「買ってよかったもの」は○、「買って後悔したもの」は×を付ける

ときめき度の低い費目の入ったレシートを用意。買ったアイテムごとに○（＝買ってよかったもの）と×（＝買って後悔したもの）を付けていこう。

◁◁

○と×を付けたものについてそれぞれ、なぜ買ったかを思い出す

○を付けた理由が、「あると便利だから」「ストックで必要だから」という場合は頻度に要注意。すぐに理由が思い出せないものは×を付けて。

○×だけなら
家計簿より
簡単!

WOMAN STORE
2020年5月22日（金）

×ポテトチップス	¥128軽
○ミネラルウォーター	¥98軽
○野菜ジュース	¥110軽
×カップアイスチョコレート	¥152軽
×ビニール傘	¥600
合計	¥1,088
(内消費税等	¥90)
(10%対象	¥600)
(8%対象	¥488)
お預かり	¥1,100
お釣り	¥12

○を付けた
アイテムが
“ときめき”あり!

STEP 3 — STEP 2 — STEP 1

「“あると便利”な○アイテム」と「×アイテム」を見直す

すぐに対策できるのが、×アイテムと、“あると便利”だから買った○アイテム。この2つは無意識にお金を使っている可能性アリ。「理由が明確になれば、減らすことも簡単です」。

あると便利でも使わなければ、宝の持ち腐れ。「本当に買ってよかったと思うのは使うとき。使って初めて、○アイテムかどうかの判断を」。

例 100均で買ったグッズ

100均ショップには“あると便利”の誘惑がいっぱい。本当に必要なのか、具体的にイメージしないと×アイテムになるので要注意。

買って1～2週間後に○アイテムのうち、「あると便利」なものは実際に使ったかをチェック

「×アイテムは、なんとなく無意識で買っていることも多い」。買った日の行動を振り返ると、買った理由が見えてくる。

例 毎日カフェでコーヒーを買う

帰宅途中に駅ビルがあり、いつも、なんとなくカフェへ。「コーヒーのようにいい匂いがすると、反射的に買ってしまう人も少なくないです」。

×アイテムのものを買ったときの行動を振り返る

週1回、月1回など達成できそうな目標からスタートしてみて

「コーヒー代が×アイテムなら、まずは駅ビルに立ち寄るのをやめるというふうに、具体的な対策を立てて、行動を変えることです」。

まず1回、原因となる行動を変えてみる

MY老後資金の考え方

老後までにいくらないと大変と考えるより、あなた自身がリタイアまでにいくら貯められるかを考えることからスタート！

（現在の年間貯蓄額 × リタイアまでの年数）
＋
退職金（目安）
＋
現在の預貯金のうち老後まで使わないお金
＝
MY老後資金

中小企業の大卒社員の退職金の目安は1200万円（東京都の場合）

例
（100万円 × 65歳－35歳）
＋
1200万円
＋
300万円
＝
約4500万円

4500万円 ÷ 平均寿命87歳－65歳 ÷ 12カ月
＝
老後は月約17万円が自由になるお金

MY老後資金が足りないと思ったら

年間貯蓄額を増やす
or
退職までの年数を延ばす

MY老後資金を計算してみて、「ときめきのある生活には足りない」と思ったら、年間の貯蓄額を増やす。65歳以降も働き続けることも視野に入れて。

これでときめく生活ができるか想像してみよう！

上の例だと、年金以外に自由になるお金が月17万円。この金額での老後の生活を想像してみて。「具体的な金額が見えてくると対策も立てやすいので、余計な不安は手放しましょう」。

家計のときめき感度を上げれば、老後資金づくりに前向きになれる！

老後の将来不安に備えて貯蓄を頑張る人も少なくない。「将来どうなるかは誰にも分からないので、これだけ貯めておけばOKとは誰にもいえません。しかし、日々の支出に対し〝ときめき〟感度を上げておけば、ムダ使いがグッと減り、貯蓄形成の後押しに。それは安心感につながります。おそらく貯蓄はいくらあっても不安が消えることはないでしょう。だからこそ、できることを行い、あとは天に任せる心の余裕も大事です」。

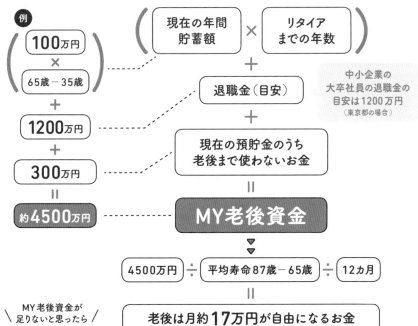

「暮らしを整える」

30日間チャレンジで、ラクに貯まる私に！

暮らしを整えることで、ムダな支出は自然に減っていきます。30日間に分けて財布や冷蔵庫、クローゼット、家計などを整えていくプランをご提案。早速チャレンジを！

Step 1

目指せ！シンプル財布

【財布を整える】

day 1

カードの枚数を絞る

クレカやポイントカードはよく使うものだけに絞ると、ポイントが効率良く貯まる。月1回も使わないカードは見直して。

day 2

不要なレシートを捨てる

財布がスッキリすると残金が把握しやすく、お金を大切に使いたい気持ちに。帰宅後、レシートを取り出す習慣をつけて。

day 3

財布に入れる金額を決める

財布に入れるお金は毎週日曜に1万円など、金額とペースを一定に。残金と日数を見てやりくりでき、使いすぎ防止に。

Step 2

使い切る習慣づけが肝！

【冷蔵庫・食材を整える】

day 4

"賞味期限切れ"を捨てる

捨てるついでに、使い切れなかった食材を分析。「苦手な食材」「買いすぎ」など、理由が分かれば次から気を付けられる。

day 5

使わない調味料を捨てる

自分が使いやすい1軍の調味料のみに。「これ以外は買っても使い切れない」と自覚し、ムダ買いを改めるきっかけに。

day 6

✓ 冷凍庫の中身を見直す

いつ冷凍したか分からない肉や野菜、作り置きのおかずがないか確認。収納方法も見直し、中身が一覧できる工夫を。

day 7

✓ 食品ストックを整理

調味料や乾物、麺類などは、ストックする量を決め、不足分だけ買い足すよう仕組みづくりを。安価に踊らされないのがコツ。

day 8

✓ 1週間分の献立を決める

事前に献立を決めれば必要な食材だけを買え、ムダがゼロに。日々の献立に悩まずに済み、外食や総菜に逃げることも減る。

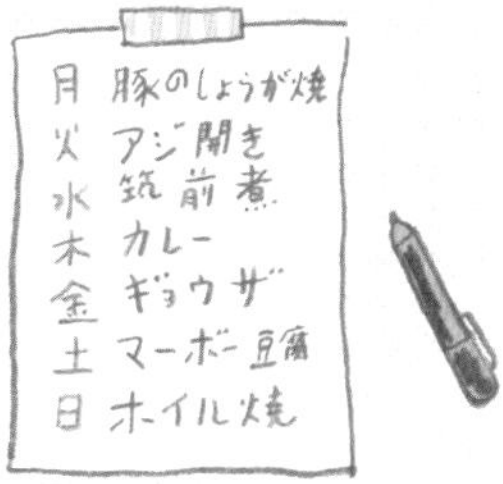

day 9

✓ 食費の予算を決める

食費が整うと、家計全体も整いやすい。無理のない予算を決めてやりくりに挑戦! 食費専用財布を作るのもおすすめ。

Step 3

1軍のみに絞るのがベスト

【クローゼットを整える】

day 10

✓ 傷んだ靴下、下着を捨てる

穴が開いた靴下、古い下着を処分。洗濯の頻度などを考慮し、自分に必要な量を決め、ダラダラと買い足す習慣をやめる。

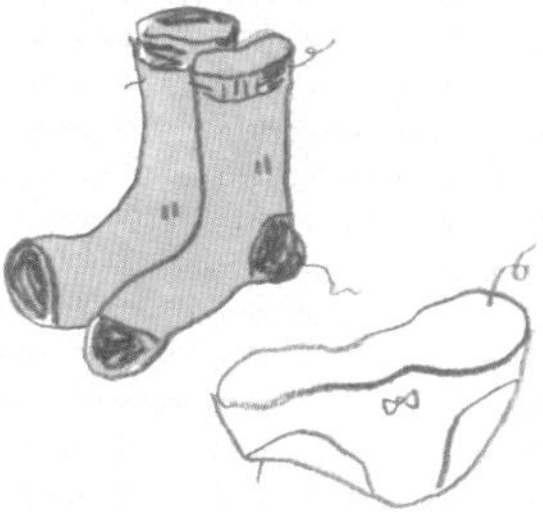

day 11

✓ 3年以上着ていない服を手放す

どんなに高かった服も、着ることがなければ1円の価値もない。不要な服は潔く手放すことで、今買うべき服も明確になる。

day 12

✓ 使っていないバッグを手放す

使っていないバッグや小物類はメルカリなどで売る道も。売上金で新しいモノを買えば、出費なしで更新可能!

day 13

ハンガーをそろえる

ハンガーをそろえるだけで、服の掛け収納スペースがすっきり整う。ハンガーの数以上に服を増やさないと決めるのも手。

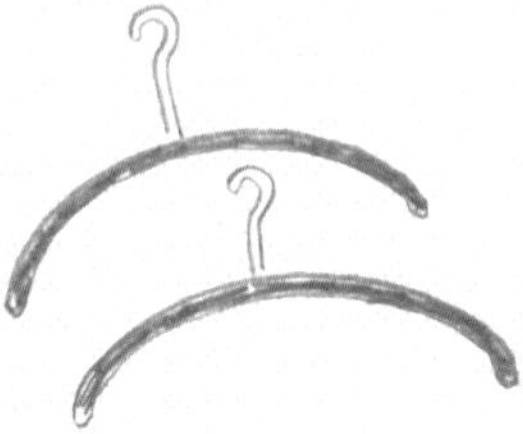

day 14

掛け収納にする

服を掛け収納にすると、手持ち服が一覧でき、コーデもラク。色別に分けて掛けるのも◎。同じような服を買わなくなる。

day 15

部屋着を1セットのみにする

衣装ケースにありがちな、部屋着に降格した服たち。着ないものも多いはず。お気に入りの1セットを残し、手放して。

day 16

1週間で着た服を書き出す

今週着た服を振り返り、着用頻度の高い服や好みを分析。買っても着ない服を見極めるチャンス。2〜3週間続けても。

day 17

服飾費の予算を決める

1シーズンで服飾費の予算を決めると、買い足すアイテムの優先順位も明確に。計画的な買い物を考えられる。

Step 4

ストックを持ちすぎない！

【洗面所を整える】

day 18

メイク道具を1軍のみに厳選

メイク道具やコスメは、毎日必ず使うアイテムだけに絞り込んでも、意外に困らない。使い切ってから買う習慣づけを。

day 19

✓ 化粧品サンプルを整理する

旅行や出張時にあると便利な試供品。使わないものは処分し、使うものは見やすく整理。必要以上もらわないことも大切。

day 20

✓ タオルの枚数を絞る

タオルは定量を決め、定期的に交換するシステムに。予算の見通しが立ち、よりお得な買い方も考えられる。

day 21

✓ 日用品のストックリストを作る

自宅に必要な日用品の種類と数を一覧にまとめて。不足しているモノだけ購入すれば、日用品の買いすぎを抑えられる。

day 22

✓ 日用品の予算を決める

日用品のストックリストで、1カ月にかかる費用をざっくり計算し、予算化を。食費と合わせていくらと決めるのも◎。

お金の流れをシンプルに Step 5
【家計を整える】

day 23

✓ 家計簿アプリをダウンロード

支出の記録のほか、銀行口座やクレカ利用情報などを紐づけられるアプリもある。上手に活用して家計を見える化しよう。

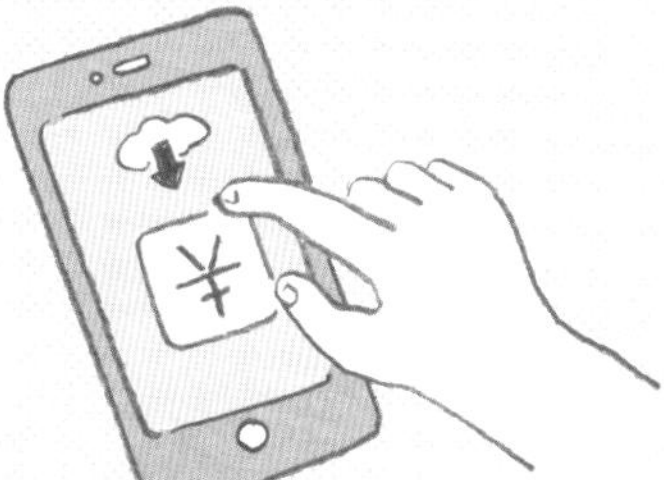

day 24

✓ 目的別に口座を分ける

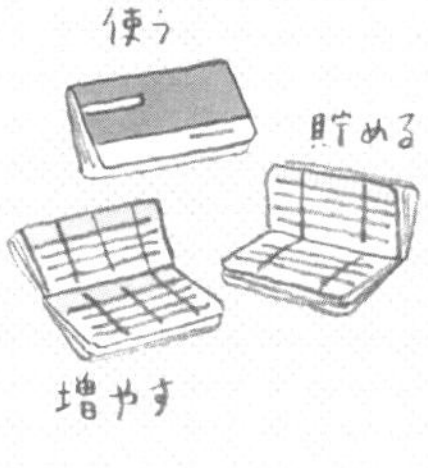

「使う」「貯める」「増やす」と、口座は目的別に分けると管理がラク。生活費用の口座と貯蓄口座はマストで仕分けを。

day 25

デビットカードを作る

使ったら即口座から引き落とされるデビットカードは、現金と同じように管理しやすい。ネットショッピングでも使える。

day 26

利用しているサービスを見直す

月額利用料がかかるアプリや年会費ありのクレカは解約の検討を。食材宅配などの便利なサービスも、必要かを見直して。

day 27

光熱費の安いプランを探す

電気やガスは、より安い料金の会社に乗り換えると手間なく節約に。通信費とのセット割などがないかも、探してみよう。

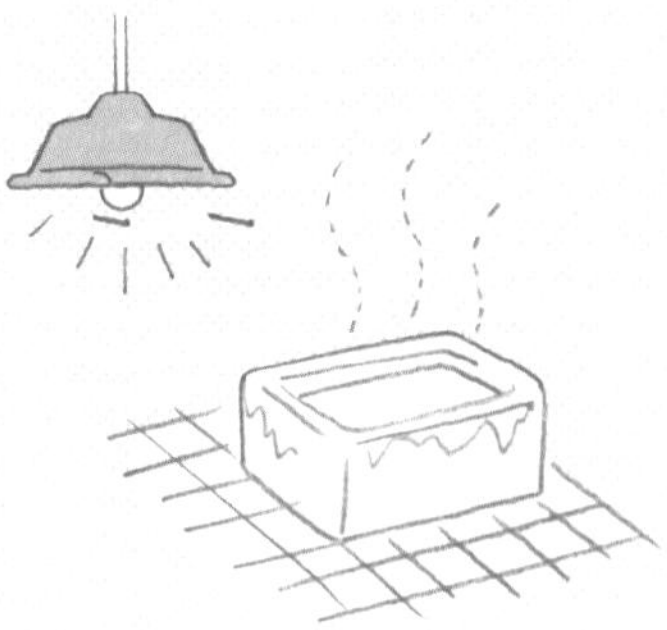

day 28

ふるさと納税をチェックする

実質2000円の自己負担で、米や肉などの返礼品をもらえるふるさと納税。どんな納税先や返礼品があるか、リサーチを。

day 29

格安スマホに切り替える

格安スマホなら、通信費を大手キャリアの半額以下にできることも。現状のデータ通信量を調べ、シミュレーションを。

day 30

臨時出費の年間計画表を作る

帰省、冠婚葬祭、納税など、何月にどんな出費があるかをチェック。予算を確保しておけば、急な出費に慌てずに済む。

PART / 2

ほったらかしでお金を増やす！編

「手間がかかるのはイヤだけれど、貯金は増やしたい!
勝手にお金が貯まる仕組みなんてないよね……?」
というお悩み、4つの方法で解決します!
面倒くさがりでも大丈夫。少しずつ導入すれば、
ほったらかしでもお金が増えるシステムが出来上がります。
不安がちらつく老後資金の問題も、これでバッチリです!

貯蓄が苦手な人、必見!

ほったらかしで勝手に貯まる!

最強の"銀行口座"使い分け術

お金のことが"超"苦手。計画的に貯蓄できない…。
そんなズボラさんにおすすめしたいのが、目的別に銀行口座を分けること。
「使う」「貯める」の口座分けで、自動的に貯まる仕組みを紹介します。

テクニックは一切不要! 口座を分ければ勝手に貯まる

手間をかけずにお金を貯めたいなら、「銀行口座で自然に貯まる仕組みをつくるのが一番ラク」と家計再生コンサルタントの横山光昭さん。「〝使う〟〝貯める〟の目的別に口座を分けるだけで、ゴチャゴチャになっていたお金の流れがシンプルになり、管理しやすくなります」

「貯める」専用口座は、勤務先の財形貯蓄や銀行の自動積立定期預金を利用し、〝放っておいても勝手に貯まる〟仕組みをつくるのがポイント。「給与振込口座に残ったお金をそのまま貯めるという人も多いですが、年収500万円以上の人や、支出が極端に少ない人以外はお金が残りにくい。貯める意志が弱いズボラさんには不向きです」とファイナンシャルプランナーの花輪陽子さん。

さらに、帰省や旅行などの臨時出費用の口座をつくれば、貯蓄口座に手をつけずに済む。

「家計の流れが整えば、お金の使い方を意識するようになり、次第に〝貯まる体質〟へと変わっていきますよ」(横山さん)

POINT 銀行口座の使い分け“キホンのキ”

“貯める専用口座”で「使うお金」と「貯めるお金」を分ける

“使う”と“貯める”を1つの口座で行うと、お金の流れが把握しづらく、
貯蓄できているのかも分からなくなる。
「貯める」専用口座を作って、貯蓄額を「見える化」して。

家賃や光熱費などの固定費、クレジットカードの引き落とし、流動費など、生活費の支出はすべてここから。「月によって支出は動くので、生活費の1.5カ月分を入れておくと安心」（横山さん）。

勤務先の「財形貯蓄」や、銀行の「自動積立定期預金」を利用して、毎月一定額を先取りで貯めていくのが王道。引き出しにくい方法を選び、できるだけ手をつけない。

貯蓄が
増えたら
口座を開設

「“貯める口座”の残高が給与の6カ月分以上になったら、“増やす”口座を作って投資にチャレンジしてもいい。投資信託の積み立てで、長期間かけてコツコツ増やしましょう」（横山さん）

この人たちに聞きました

ファイナンシャルプランナー
花輪陽子さん

外資系OLを経てファイナンシャルプランナーに。OL時代にクレカのリボ払いで借金200万円を抱えた経験も。現在、シンガポールに拠点を置く。『毒舌うさぎ先生のがんばらない貯金レッスン』（日本文芸社）監修。

家計再生コンサルタント
横山光昭さん

お金の使い方そのものを改善する独自の家計再生プログラムで、これまでの相談件数は2万3000件を突破。著書に『“一週間サイフ”で楽々お金が貯まる』（プレジデント社）などがある。

“貯まる仕組み”を口座でつくる

LET'S TRY!

最初に仕組みをつくってしまえば、あとは放っておいても勝手に貯まっていく。
シングルと既婚者、それぞれのやり方を解説。

シングル

〖給与〗

使う口座
給与振込口座

銀行の普通預金

生活費をやりくり「使うための口座」

毎月の生活費はここから引き出し、固定費の引き落としもすべてここに設定。「クレカの引き落とし用に口座を分けると、入金を忘れて信用情報に影響することも。ズボラさんには不向きです」(花輪さん)。

貯蓄が
増えたら
口座を開設

増やす口座

ネット証券の
つみたてNISA、
iDeCo口座など

給与振込口座または
貯める口座から
自動引き落とし

「貯める口座」にある程度お金が貯まったら、証券口座を開いて投資にチャレンジを。「先取り貯蓄と同じく、投信積み立てなら、自動引き落としに設定でき、基本的には放置してOK」(横山さん)。

臨時支出口座

銀行の
普通預金など

ボーナスの一部などを
入れ、年間の
特別出費に備える

「貯める口座」と別に、臨時出費用の口座を作ると、貯蓄の取り崩しを防げる。「冠婚葬祭や帰省など、前もって分かるものは年間予定を立て、予算を入れておいて」(花輪さん)。

貯める口座

自動積立
定期預金など

先取りで強制的に
貯める
「将来に備える口座」

決めた日に決めた額を自動的に定期預金口座に移してくれる、自動積立定期預金がおすすめ。会社に制度がある人は、給与から天引きされる仕組みの財形貯蓄を利用するのも◎。

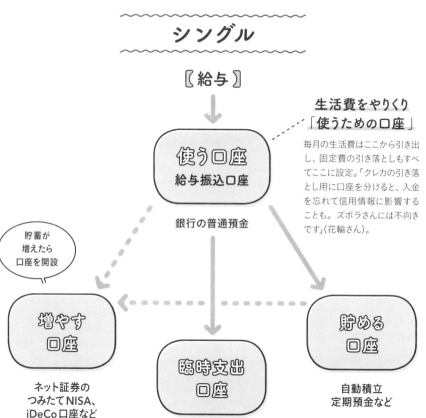

天引き、先取り貯蓄、臨時出費のプール、etc.

実践!“勝手に

既婚者

夫の【給与】

夫 給与振込口座

銀行の普通預金

増やす口座

貯蓄が増えたら口座を開設

ネット証券のつみたてNISA、iDeCo口座など

給与振込口座または貯める口座から自動引き落とし

貯める口座

自動積立定期預金など

先取りで強制的に貯める「将来に備える口座」

使う口座(共通)

銀行の普通預金

生活費をやりくり

夫婦で共通口座を持ち、それぞれの給与振込口座から毎月一定額を入れる。「入れる金額は収入比で決める。費目で担当を分けるのは、家計全体が分かりづらくなるので避けて」(花輪さん)。

臨時支出口座(共通)

銀行の普通預金など

ボーナスの一部などを入れ、年間の特別出費に備える

夫婦の場合、冠婚葬祭や帰省、親族との付き合い、子供の行事、固定資産税など、臨時支出額も大きい。年間でかかりそうな金額を算出し、毎月貯めるとともに、ボーナスからもキープしておく。

自分の【給与】

自分 給与振込口座

銀行の普通預金

貯める口座

自動積立定期預金など

先取りで強制的に貯める「将来に備える口座」

増やす口座

貯蓄が増えたら口座を開設

ネット証券のつみたてNISA、iDeCo口座など

給与振込口座または貯める口座から自動引き落とし

【パートナーと上手に貯めるポイント】

- 互いに「貯める口座」を持ち、相手の貯蓄額や積み立て状況を把握する
- 費目ごとの支出の分担は、家計を把握しづらくなるので避ける
- 「使う口座」には、収入の比率に合わせて互いに入れるのが◎
- 「使う口座」には1.5カ月分の生活費を入れておき、「貯める口座」から取り崩さない

面倒くさがり屋でも続く!

予算内に支出を抑える必勝法

「消費・浪費・投資」で支出を管理

限られた収入を何にどう振り分け、どんなふうに使いすぎを抑えればいいの?
ズボラさんにとって頭の痛い「予算の決め方」と、
「予算内に支出を抑える具体的な方法」をレクチャーします。

貯蓄分は〝なかったもの〟と考えてやりくりを

ズボラさんが予算を立てるときのポイントは、「最初に貯蓄額から決めること」と、FPの花輪陽子さんは強調する。

「〝余ったお金を貯蓄に回せばいいや〟と考えるのはNG。計画的にお金を使うことが苦手な人の場合、いつの間にか使ってしまい、貯蓄できないケースがほとんど。大抵うまくいきません。最初に貯蓄額を決めて取り分けておき、〝なかったもの〟としてやりくりするのが貯まる家計の鉄則です」(花輪さん)

その上で、家賃や光熱費、保険料など、毎月必ず出ていく固定費を算出しよう。手取り月収から、貯蓄額+固定費を差し引いた額が、自由に使える「生活費」となる。

生活費の予算の振り分け方は、「自分のこだわりで決めてOK」と家計再生コンサルタントの横山光昭さん。「お金をかけたいものを優先し、メリハリをつけながら家計のバランスを取りましょう」。お金の使い方に迷いが出たら、p.53の「消費・浪費・投資」のメソッドに当てはめてみて。「ストレスなく貯めるには、多少の浪費も必要。上限額さえきちんと決めておけば、支出が膨らみすぎることもありません。自分らしい納得感のあるお金の使い方を目指しましょう」(横山さん)。

無理なく家計管理できる4つのステップ

STEP 4 — STEP 3 — STEP 2 — **STEP 1**

まずは貯蓄額から決めてしまう

月収に対する理想の貯蓄の割合(下記)を参考に、家計の状況に応じて無理のない金額を決めることが重要。最初は低めに設定し、様子を見ながら徐々に引き上げてもOK。

FP横山さん提案

理想の貯蓄の割合はコレ!

(手取り月収20万円の場合の貯蓄額)

シングル・ひとり暮らし	17%	(3万4000円)
シングル・実家暮らし	30%	(6万円)
既婚・子なし	30%	(6万円)
既婚・子あり	16%	(3万2000円)

月々の貯蓄額 ▶▶▶ 　　　　　円

この人たちに聞きました

ファイナンシャルプランナー 花輪陽子さん

家計再生コンサルタント 横山光昭さん

プロフィールはp.47

STEP 4 — STEP 3 — **STEP 2** — STEP 1

固定費の金額を書き出す

毎月の固定費が総額いくらかかっているのかを把握しよう。「固定費を減らせれば、継続的に貯まる家計をつくりやすくなる。保険や通信費のプランを一度見直して」(横山さん)。

下記の費目の金額を調べて書いてみよう

住居費(家賃またはローン)	水道・光熱費	通信費(固定・携帯・ネット代)
円	円	円

生命保険	その他(保険費など)
円	円

月々の固定費の総額 ▶▶▶ 円

STEP 4 — **STEP 3** — STEP 2 — STEP 1

手取り月収から貯蓄額&固定費の総額を引いた「生活で使えるお金」を知る

ここで算出した金額が、生活費として自由に使えるお金。「生活費は費目別に細かく管理するより、STEP4の"お金の使い方"に着目した、ざっくり管理がおすすめ」(横山さん)。

手取り月収

円

— 引く

STEP 1 月々の貯蓄額

円

— 引く

STEP 2 月々の固定費の総額

円

＝ 円

1カ月間の生活で使えるお金

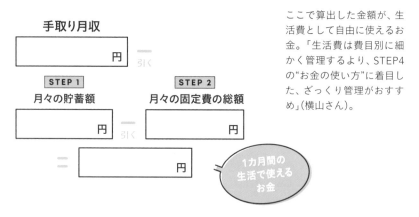

STEP 4 — STEP 3 — STEP 2 — STEP 1

生活で使えるお金の内訳を、「消費・浪費・投資」に分けて予算化する

「生活費を一律に引き締める」はNG。消費＝生活に不可欠、浪費＝ムダ遣いだが欲しい、投資＝自分の将来につながる、をイメージして予算決めを。

自然に予算内に収まる 横山式「消費・浪費・投資」別*で支出を管理！

右記の「消（ショウ）・浪（ロウ）・投（トウ）」の黄金比を参考に、自分が使えるお金を算出してみよう。浪費もしっかり予算に組み込むことで、ストレスのない家計に。

消費 「生活する上で必要なお金」はSTEP3「生活で使えるお金」の50％が支出の目安

浪費 「必要ではなく、欲しいと思って購入したモノやムダ遣い」は、STEP3「生活で使えるお金」の25％が支出の目安

投資 「スキルアップや将来の収入につながるお金」は、STEP3「生活で使えるお金」の25％が支出の目安

3つのお金の使い方に合わせて生活費を予算化！

消費
STEP3の生活で使えるお金______円 × 0.5
＝"消費"に使えるお金______円 … A

食費______円　日用品代______円　教育費______円
医療費______円　交通費______円　など
小計______円 … B

▶▶▶ B の金額が、予算 A の金額に収まるように調整する

浪費
STEP3の生活で使えるお金______円 × 0.25
＝"浪費"に使えるお金______円 … C

服飾費______円　美容費______円　交際・娯楽費______円　など
小計______円 … D

▶▶▶ D の金額が、予算 C の金額に収まるように調整する

投資
STEP3の生活で使えるお金______円 × 0.25
＝"投資"に使えるお金______円 … E

スキルアップ費______円など　小計______円 … F

▶▶▶ F の金額が、予算 E の金額に収まるように調整する

同じ費目のなかにも消費・浪費・投資の支出があるので内容によって振り分けて

＊横山さんが本来提案する「消費・浪費・投資」理想の割合は、月収に対してのものであり、具体的には「消費70％、浪費5％、投資25％」を推奨。今回は特別に、月収から貯蓄額と固定費を除く「生活で使えるお金」における理想の割合を教えてもらった。

最旬メソッド
にチャレンジ!

貯蓄に回す」という方法は、シンプルながら、
プロ・市居愛さんにヒントをもらいました。

「お金を使わない日」を楽しみながら習慣化

「常に合理的で正しい判断ができればいいのですが、頭で分かってはいても感情に流されて、ついムダ遣いしてしまうのが人間です」と市居さん。

既存の経済学では説明できない、人間の不合理な行動の法則性を研究する「行動経済学」という学問がある。モノの絶対的な価値より割引率が損得の判断に大きな影響を与える「アンカリング効果」などはその典型だ。

売り手はこうした消費者の心理を踏まえ、巧みに販売戦略を仕掛ける。「つまり、街なかもネット上もムダ遣いをしたくなるワナだらけ。何も対策しないと、感情に流されるまま、お金を失うのが人間のサガです」。

それを防ぐには、「必要なものだけを買い、それ以外は貯蓄に回す仕組みをつくることが大事。仕組みは先取り貯蓄でも500円玉貯金でもなんでもいいですが、NMD《ノーマネーデー》貯金も賢い選択です」。市居さんいわく、仕組みは「シンプルかつゲーム感覚で楽しめるものがうまくいく」そう。NMD《ノーマネーデー》貯金はまさに合致する。

「私自身はNMD《ノーマネーデー》を週2回以

挫折しない〝やり方〟があります

お金がどんどん貯まる

N《ノー》M《マネー》D《デー》貯金

「お金を1円も使わない日をつくり、その分を
うまく続けるにはコツも必要。家計見直しの

上つくっています。お金を使わないと決めた日は、手帳のスケジュール欄に星マークを付けておき、無事達成できたら、マークを塗りつぶします。買い物の欲求より、NMD《ノーマネーデー》という〝ミッション〟をクリアしたい気持ちが勝って、浪費を抑えられています」。

NMD《ノーマネーデー》を習慣化するには、できるだけ低いハードルから始めるのがコツ。「お金を使わない日がゼロという人なら、まずは週1回から始めて。成功体験を積んで、徐々にステップアップしていくとうまくいきやすい」。

また、財布や手帳の使い方を一工夫したり、SNSでNMD《ノーマネーデー》の記録や発信をすると、より効果的に続けやすくなる。詳しいやり方はp.58〜を参考に！

この人に聞きました

家計整理アドバイザー
市居 愛さん

マザーミー代表。自身の病気と夫の会社倒産で、夫婦同時に無職となる恐怖を体験。それを機に家計を立て直した経験とノウハウを、広く伝える活動をしている。著書に『お金を整える』（サンマーク出版）など。

行動経済学で分かる私たちが陥りがちな

ムダ遣いのワナ

人間の消費行動や意思決定時の心理について研究しているのが「行動経済学」。
下の4例は、行動経済学で説明されている買い物時の典型的な行動習慣だ。
不合理な行動法則を知ることで、ムダ遣い防止につなげよう。

ディドロ効果

何かを新しくすると他も新しくしたくなる

何か新しいものを買うと、それに合わせて「他も良いものをそろえたい」という衝動に駆られた経験はないだろうか。この心理に流されると、散財スパイラルに飲み込まれていく。

返報性の原理

何かをしてもらったらお返しが必要と考える

試食や化粧品カウンターの無料メイクなどで、店の人に親切にしてもらうと、お返しに「買わねば」と思う心理のこと。本当に欲しいとき以外、無料のお試しは避けたほうが無難…!?

アンカリング効果

相対的な安さに目を奪われる

「定価○円の商品が60%OFFで△円」とあると、単に△円とあるよりお得に見える—。いかり(アンカー)を下ろすように、印象的な数値が基準となり、行動に影響を与える。

確証バイアス

自分の希望を後押しする情報にばかり注目する

何かを「欲しい」と思うとバイアス(偏り)がかかり、無意識に購入を後押しする肯定的な意見を収集して、否定的意見に目を背けがち。冷静にマイナス面も直視することが大切!

私たちは ついついムダ遣いをしてしまう 不合理な生き物です。

じゃあ、どうしたらいいの？

POINT

ムダ遣いを防ぎ、お金を貯めるには「仕組み」が必要。その仕組みのひとつが、NMD《ノーマネーデー》貯金です！

〖NMD貯金のメリット〗

- シンプルなルールだから簡単!
- ゲーム感覚で楽しくチャレンジできる!

数ある貯蓄法のなかでもNMD《ノーマネーデー》貯金は実にシンプル。「NMD《ノーマネーデー》と決めた日は、なんとか工夫して1日を乗り切る。その試行錯誤をゲームのノリで楽しめるようになると、NMD《ノーマネーデー》が徐々に増え、それにつれて貯蓄もどんどん増えるはず」。

なるほど。でも続けられるかな…

POINT

NMD《ノーマネーデー》という“仕組み”を“習慣化”するには、コツがあります。

〖NMD貯金の習慣化のコツ〗

- ハードルは“低め”から始める
- 「お金が出ていかなくなる」よう財布を整える →p.58で詳しく
- 手帳を使い「未来の支出をコントロールする」 →p.60で詳しく
- 理性だけに頼らず、「人の目」の力を借りる

「人間はいいことをすると、その後は少しくらい悪いことをしてもいい、という心理が働きがち」。だから、まずは週1回だけNMD《ノーマネーデー》にするなど、低いハードルから始めるほうが挫折しにくい。自分の意志を過信せず、人の目の力を借りるのも有効な方法。例えば、インスタグラムにNMD《ノーマネーデー》の記録を投稿するのも、習慣化の助けになる。

キーアイテム ①

いかなくなる財布のつくり方

お金の出口である財布の中がぐちゃぐちゃ、いくら入っているかも分からないようだと、お金の使い方も雑になる。NMD《ノーマネーデー》成功のために、市居さん流の「ムダ遣いが減る財布」に整えよう。

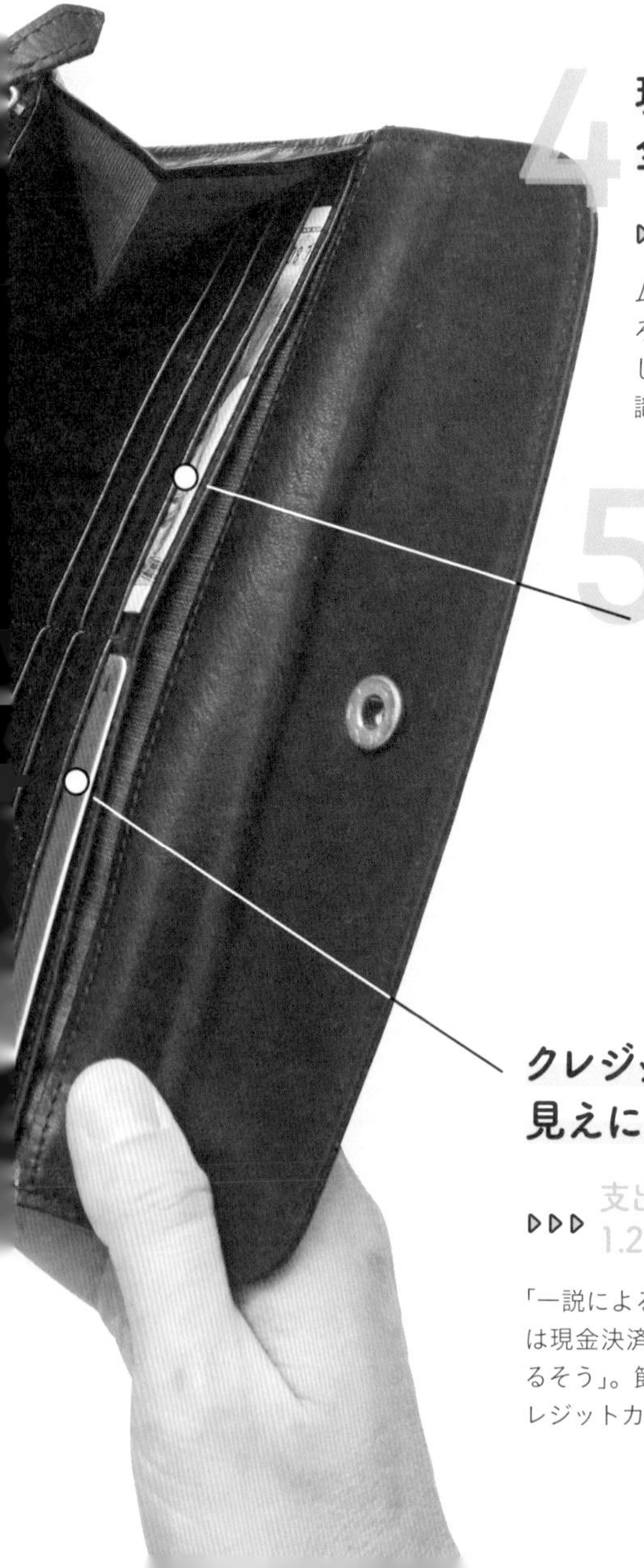

4 現金は月1回下ろし、全額財布に

▷▷▷キャッシュカードは持ち歩かない

ムダ遣いが多い人は、頻繁にATMでお金を下ろす傾向あり。「月1回生活費をまとめて下ろし、それを財布にすべて入れ、常に残高を意識しながら買い物しましょう」(市居さん)。

5 三つ折りの1万円札を忍ばせる

▷▷▷もしものときもなんとかなる

キャッシュカードを持ち歩かないのは、不安という人も多いはず。代わりに「小さく折った1万円札を奥に忍ばせておく。使うための1万円とは分けて、お守り代わりに」。

6 クレジットカードは見えにくい場所に

▷▷▷支出が現金払いの1.2倍になるという調査も!

「一説によると、クレジットカード中心の生活は現金決済の生活より平均2割支出が増加するそう」。節約中は現金払いを基本として、クレジットカードは、財布の見えにくい場所に。

財布は
不用意な失点を防ぐ
ゴールキーパー!

N《ノー》M《マネー》D《デー》貯金成功の
なぜかお金が出て

1 お札は1万円札を一番手前に

▷▷▷ 崩れたお金ほど人は気楽に使える

「人は千円札や小銭は使ってもいいと感じがち。逆に1万円札は崩してはいけないという自制心が働くもの」。目につきやすい手前に1万円札を、千円札は後ろに隠す。

2 ポイントカードは3枚以内に絞る

▷▷▷ 不要な出費を増やす元凶

ポイントはお得なようだが、「ポイントがあるからという理由でむやみに店に足を運び、ムダ遣いしがち。割引券も同じです」。持つなら、頻繁に使うもの3枚以内に限定を。

3 レシートは入れない

▷▷▷ 見通しが悪いと、残金の把握が困難に

「財布がレシートだらけになると、中身が把握できず、お金がないと思い込んだり、支出のコントロールができなくなったりする」。すぐに捨てるか、ポーチなど別の場所で保管を。

キーアイテム ②

ロールする手帳のつくり方

家計管理というと家計簿がまず浮かぶが、「家計簿は過去の記録にすぎません。それより、未来の予定を書く手帳のほうが、NMD《ノーマネーデー》の実践に役立ちます」。市居さんの手帳を例に、書き方をチェック!

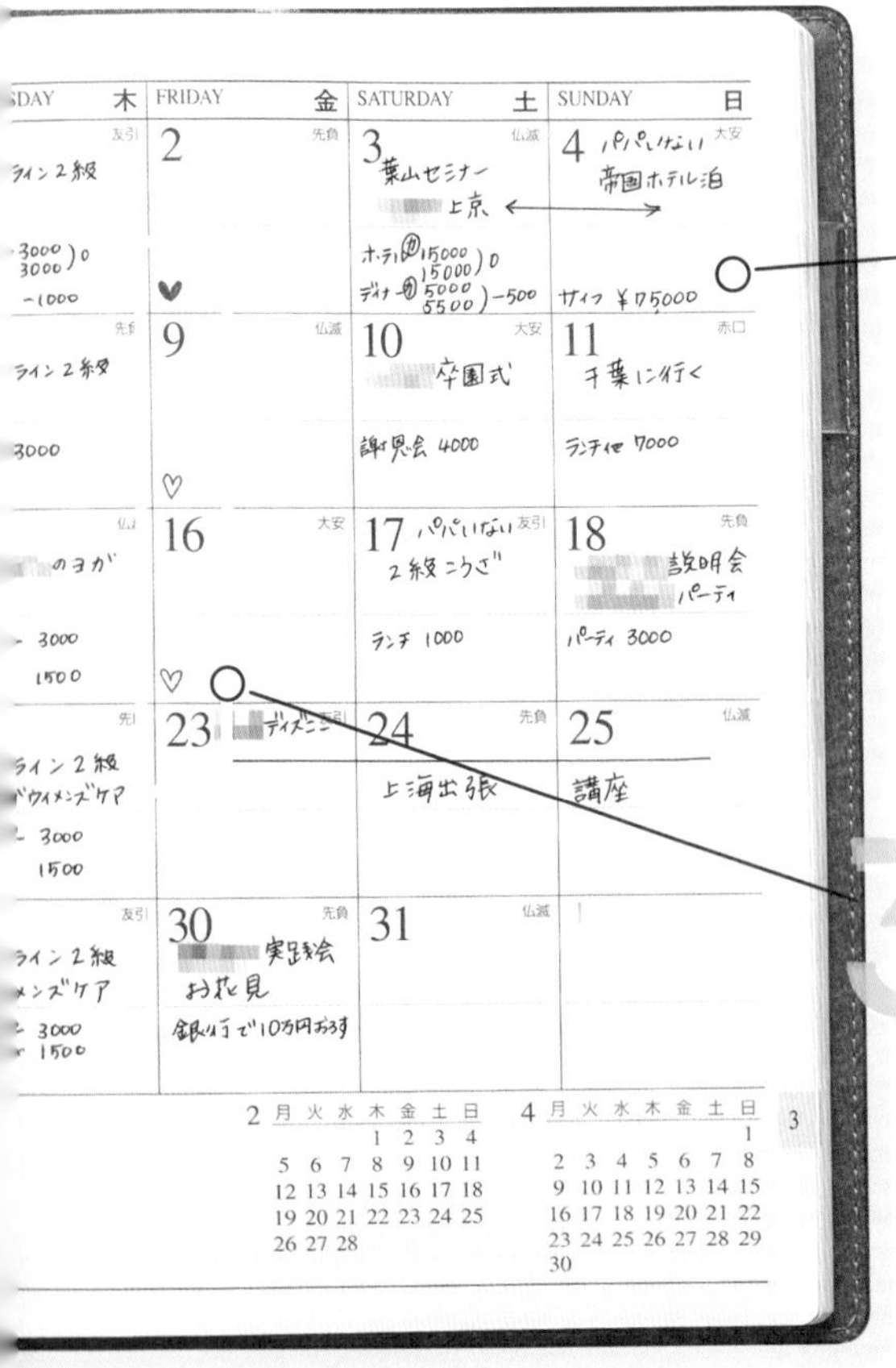

4

週末に財布内の残金を書き込む

▷▷▷ 週1度は収支を把握し、立て直す

週に1度、財布の残金を調べて手帳に記録する。「日々見ているつもりでも、意外に残金を正確に把握するのは難しい。使いすぎに気づいたら、翌週は買い物を控え、月の予算内に収めて」。

3

NMD《ノーマネーデー》を決めて、マークを付ける

▷▷▷ 成功したら、マークを塗りつぶす

「私の場合、NMD《ノーマネーデー》の予定日にはハートを書き、無事お金を使わずに済んだら塗りつぶすルール 」。印がたくさん付いた月は、「今月は頑張った!」と達成感を得られるそう。

▷▷▷ 実際に使った金額はその下に書き足す

買い物する日を「毎週水曜と土曜」などと決めておくと、NMD《ノーマネーデー》の計画も立てやすい。買い物する日は予算を記入し、買い物後は実際に使った額を下に書き足して、差額も記入。

手帳は
ゲームを組み立てる
司令塔！

NMD《ノー マネー デー》貯金成功の
未来の支出をコント

1 月初に1カ月の予算を書き出す

▷▷▷ 現金とクレカ払いは分けて書く

月初（あるいは給料日でもOK）に1カ月分の予算を決める。クレジットカードで大きい買い物をする予定があれば、特別出費として、生活費の予算とは別に書き出す。

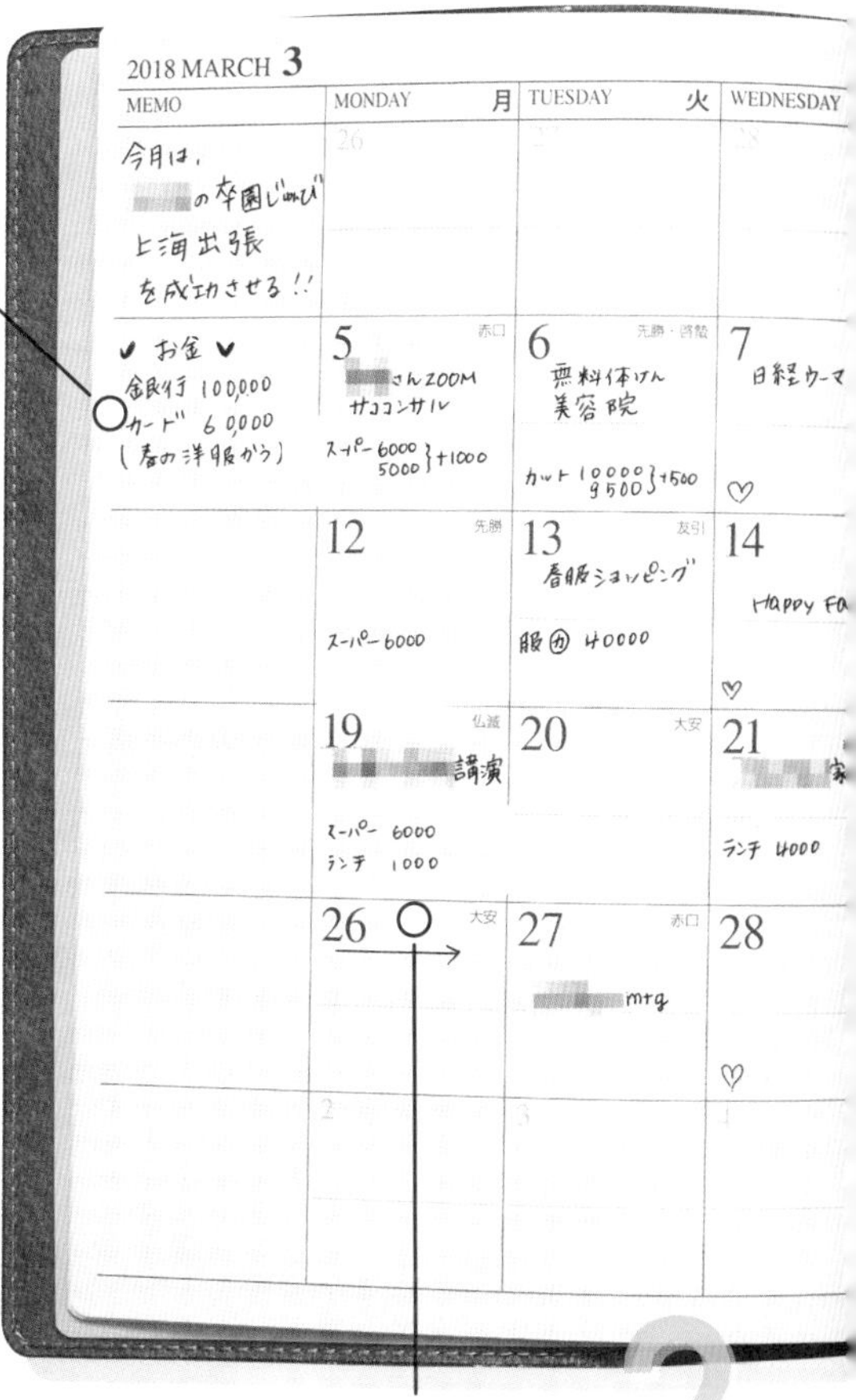

さらに実行力を高める手帳テクニック

お金を貯める先にある目標や夢を"見える化"

節約のモチベーション維持には、「お金を貯めて実現したいこと」をビジュアル化しておくのが効果的。「手帳に会いたい人や行きたい場所の写真を貼って眺めるとやる気が回復しますよ」。

手帳に
写真などを貼って
やる気アップ！

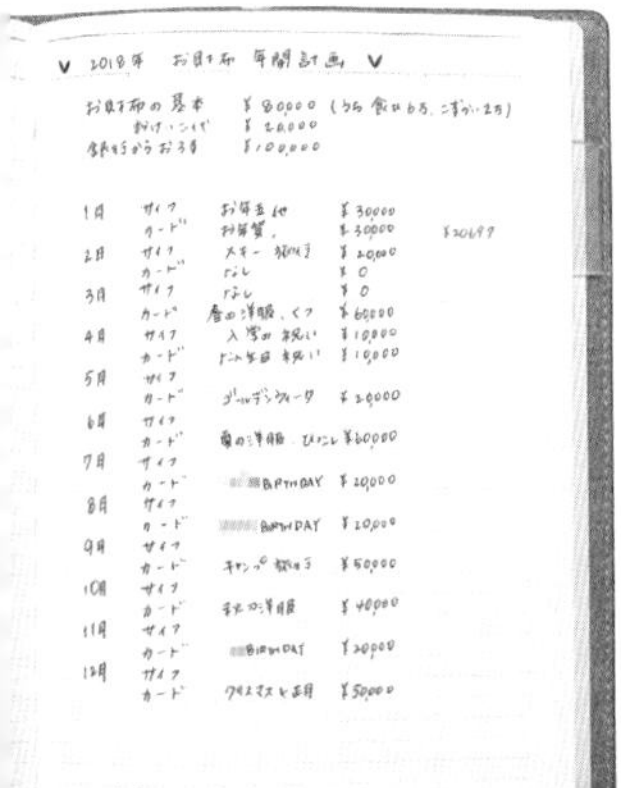

1年間の出費の見通しを書き出す

月々のやりくりはできても、帰省や車検といった臨時出費で、家計がガタガタになってしまう人も多いのでは？「大まかな年間の出費予定を書き出しておくと、慌てずに済みます」。

2 買い物する日を決め、予算を書き込む

今の私に合うのはどっち？

年金で足りないお金は

iDeCoとNISAで作ろう

公的年金だけでは足りない老後の備えの柱となるのは？
iDeCoとつみたてNISAの違いを知り、使い分けましょう。

老後資金づくりはまずはiDeCoから！

老後の備えを確保する主な方法は左の5つ。なかでも、iDeCoとつみたてNISAは共にお得な非課税制度だ。2つの制度の違いをおさらいしていこう。

1つ目の違いは「節税メリット」。iDeCoは、積立時は掛け金に応じた所得控除があり、利息・運用益は非課税、受取時は退職所得控除などの対象になる。運用益のみ非課税のつみたてNISAに比べて手厚い。2つ目は「手数料」。つみたてNISAはゼロ。一方、iDeCoは加入時、運用中、受取時に手数料がかかる。特に口座管理手数料は月171円以上がずっとかかるため、金利が実質ゼロの定期預金だと、利息より手数料のほうが高くなりうる。3つ目は「商品」。つみたてNISAで使えるのは投資信託のみ。iDeCoは投資信託、預金、保険から選べる。

さらに、つみたてNISAはいつでも解約、現金化ができる一方で、iDeCoは60歳以降まで引き出せない。「目的が老後資金づくりなら、まずiDeCoを優先するのがいいでしょう」と井戸さんはアドバイスする。

この人に聞きました

社会保険労務士、
ファイナンシャルプランナー
井戸美枝さん

社会保障や年金制度を専門とし、各メディアでライフプランや資産運用についてアドバイスを行う。社会保障審議会企業年金・個人年金部会委員。『一般論はもういいので、私の老後のお金「答え」をください！』（日経BP）など書著多数。

老後資金を作る5つの方法

老後資金を確保するための主な方法は以下の5つ。
節税効果があり、長期の積み立て効果で資産を大きく
増やせる可能性があるのは、iDeCoとつみたてNISAです。

方法1 iDeCo

老後の安心と節税効果を得られる一石二鳥の制度

老後資金づくりを支援する私的年金制度。積み立て対象は預金、保険、投資信託。掛け金全額が所得控除の対象となり、利息や運用益も非課税で、節税効果が高い。引き出しは60歳以降。掛け金上限額は働き方により異なり、その範囲内で金額の変更が可能。積み立ての中止も可能。

方法2 つみたてNISA

運用益を非課税にして、長期的な資産形成を

少額からの長期・積み立て・分散投資を支援するための非課税制度。投資限度額は毎年40万円で、非課税期間は20年。積み立て対象は金融庁が厳選した投資信託のみ。預金や保険は対象にならない。積み立て中止や、解約・売却はいつでもできる。融通が利く仕組みだ。

方法3 企業年金

勤務先に制度があればiDeCoと併用可能か確認を

企業が掛け金を出し、退職後に年金として支給する。支給額が決定している確定給付型と、運用次第で変わる確定拠出型とがある。制度により、iDeCoと併用できない場合もある。会社員なら人事・総務に確認をしたほうがいい。

方法4 貯蓄

好きなときに何にでも使える強い味方

公的年金と並び、老後資金の柱となる存在。銀行の自動積立定期や、勤務先に制度があれば財形貯蓄を使った天引き貯蓄をするのがおすすめ。貯蓄額が少ない人は、まずは生活費の6カ月分を預貯金で貯めることから始めたい。

方法5 個人年金保険

老後のお金は確保できるが超低金利時代には不向き

毎月一定額の保険料を支払い、60歳以降に年金を受け取る保険商品。保険料と所得に応じた節税効果はあるが、非課税枠は小さい。円建ての場合、固定金利商品なので、現状の低金利が満期まで続く。中途解約で元本割れの可能性もある。

iDeCoとつみたてNISA 使い分けのポイント

iDeCo	\ check! /	つみたてNISA
60歳以降、リタイア後の 老後に使う資金をつくる	**どう使い分ける?** **(目的・活用例)**	制限なし
積立時・運用時・受取時に 税金優遇がある	**税金メリットの違い** **は?**	運用時に得た利益・分配金が 非課税になる
20歳以上60歳未満	**利用できる年齢は?**	20歳以上
60歳まで (65歳までに改正の見込み)	**利用できる期間は?**	20年 (年齢制限なし)
毎月5000円〜	**いくらから積み立て** **できる?**	1回100円〜 ※金融機関により異なる
14万4000〜 81万6000円 ※職業や加入している年金により異なる	**年間いくらまで** **投資できる?**	40万円まで
元本確保型:定期預金・保険 元本変動型 : 投資信託	**どんな商品を選べる?**	投資信託(ETF含む)のみ ※定期預金や保険は対象外
60歳以降 ※積立期間により 受給開始可能年齢は異なる	**いつから出金できる?**	制限なし
できない (引き出しは原則60歳以降)	**途中解約できる?**	できる

iDeCoとつみたてNISA どこが違う？

＼ここが違う／ 1 税金メリットが違う

		つみたてNISA	iDeCo
税優遇	積立時	×	○
	運用時	○	○
	受取時	×	○

税制優遇ではiDeCoのほうが圧倒的にお得。つみたてNISAが運用益・分配金のみ非課税なのに対して、iDeCoは積立時は掛け金に応じた所得控除があり、運用益・分配金は非課税、受取時にも節税メリットがある。

▼

税金メリットはiDeCoに軍配

＼ここが違う／ 2 手数料が違う

手数料	つみたてNISA	iDeCo
加入時（1回のみ）	0円	2829円
運用時（毎月）	0円	収納手数料105円＋ 事務委託手数料66円＋ 運営管理手数料
受取時	基本 0円	受取毎に440円 （一時金方式が年金方式で変わる）

加入時、運用期間中、受取時にコストがかかるiDeCoに対して、つみたてNISAは加入や口座維持のコストはゼロ。なお、iDeCoの運営管理手数料は金融機関により異なる。0円のところを選ぼう。

▼

iDeCoはさまざまな手数料がかかる

＼ここが違う／ 3 選べる商品が違う

〘つみたてNISAとiDeCoの商品イメージ〙

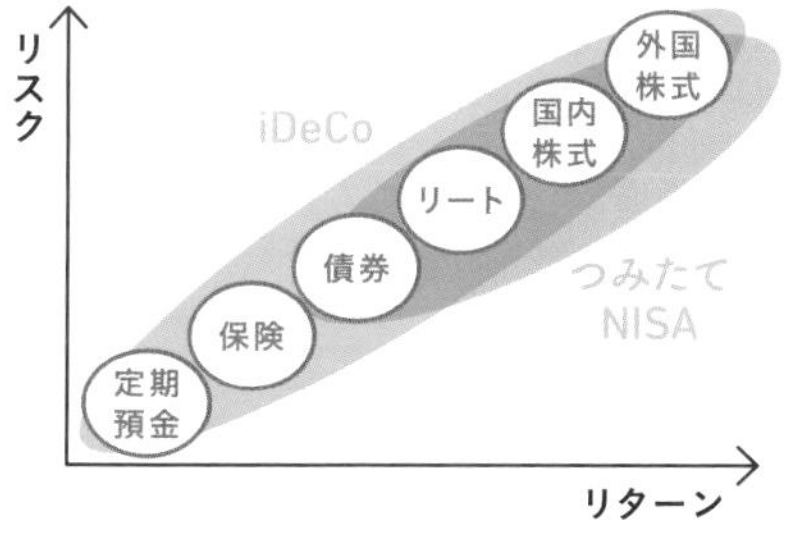

つみたてNISAで使えるのは、金融庁が設定した条件をクリアした投資信託のみ。iDeCoは保険、定期預金、投資信託から選べる。どちらも、利用する金融機関により品ぞろえが異なる。

一番おトクな老後資金作り

iDeCoの3つの特徴

早く始めれば始めるほどお得なiDeCo。
以下の3つの特徴をしっかり把握して始めましょう!

利益が出ても税金ゼロ

通常、預貯金の利息や投資信託の運用益には一律20.315%の税金がかかる。ところがiDeCoで積み立てた預貯金の利息や投信の運用益はすべて非課税だ。

〖運用して利益が出ても税金0円〗

(月1万円で30年間積み立て、元本360万円の場合)

運用利回り	運用総額	運用益(課税前)	運用益(課税後)
1%	419.6万円	59.6万円	47.6万円
3%	582.7万円	222.7万円	178.1万円
5%	832.3万円	472.3万円	377.8万円
8%	1490.4万円	1130.4万円	904.3万円

iDeCoならこの金額を受け取れる

※復興特別所得税を加味していない

積み立てるだけで税金が安くなる

iDeCoの最大のメリットは積み立てた掛け金が全額、所得控除の対象となること。つまり老後のお金を積み立てながら、本来所得に応じて払うべき所得税や住民税が減る。

〖月1万円を積み立てた場合、年間で"戻ってくる"額〗

年収	年間で"戻ってくる"額
300万円	約1万8000円
400万円	約1万8000円
500万円	約2万4000円
600万円	約2万4000円
700万円	約3万6000円
800万円	約3万6000円

※iDeCo公式サイトの「かんたん税制優遇シミュレーション」で試算。35歳、扶養なし、会社員のケース。社会保険料は年収の14.45%として計算

〖60歳までの加入期間が10年未満の場合の受給開始年齢〗

加入期間	受給開始年齢
1カ月以上	65歳から
2年以上	64歳から
4年以上	63歳から
6年以上	62歳から
8年以上	61歳から

※受給開始年齢は加入可能年齢の延長に伴って変更される見込み

60歳まで引き出せない

老後に備える私的年金制度なので、積み立てた資金は60歳まで引き出せない仕組み。60歳時点での加入期間が10年未満の場合はさらに引き出す年齢が遅くなる点は注意。

PART 3

自己投資で人生満足度アップ！編

なんだか今のままじゃモヤモヤする、将来が漠然と不安…。
そんなあなたへの特効薬が、お金と時間の“自己投資”です。
自己投資をして人生がガラリと変わった女性たちに、
お金のかけどころを学びましょう！
お金のあるなし、時間のあるなしで分かる自己投資チャートを
見れば、自分のするべきことがきっと見つかります！

“今の自分”が満足するだけじゃダメなんです

「将来の自分のための自己投資」、始めよう！

5年後、10年後 30年後…

つい目先の楽しみを優先させたり、「時間がない」「お金がない」と
言い訳したりしていては、いつまでたっても自己投資はできないまま。
「自分は将来どうなりたいのか」を真剣に考えて、今からできることを始めましょう!

時間とお金のかけ方次第で人生は変わる

忙しく、余裕のない毎日を送っていると、日々のタスクをこなしたり、ムダ遣いしないようにしたりといった、〝今〟にだけ意識が集中しがちだ。

しかし、長い人生を幸せに生き抜くためには、「日ごろから、限られた時間とお金を〝将来〟のために使うという視点を持っているかどうかが鍵になる」とＭＣＪ社長、安井元康さんは言う。少し先の自分に時間とお金を投資する感覚を持てれば、「それは人生の充実につながる〝自己投資〟になります」。

では、実際何に時間とお金をかければよいのだろうか。「スキル系の勉強、健康維持のためのジム通いといった、〝分かりやすいもの〟だけが自己投資ではありません。人に話を聞く、本を読む、仕事のやり方を工夫することも、仕事のスキルを高めたり、人生の充実につながったりと立派な自己投資。ポイントは、将来のビジョンがあるかどうか」（安井さん）。

なんとなく自己投資を考えてしまうと、『とりあえず英語』『資格を取ろう』などと、結果を伴わない自己満足で終わってしまいがちに。将来像を漠然とでも考えるクセをつけておくことが

自己投資ってしたほうがいい？

↓

YES!

その ワケは…

- どう生きたいのか、自分を見つめ直すきっかけになる
- 来るライフイベントに備えて視野を広げ、自分を成長させておける
- 忙しい毎日のなかで、「自分に向き合う時間」をつくる必要がある

自己投資のメリットは？

↓

必要なことに時間とお金を意識して使えるようになる

すると…

- 物事の優先順位が定まる
- ゆとりとメリハリが生まれる
- 自信が生まれ、自分の足で人生を歩めるように

この人たちに聞きました

MCJ 取締役社長・COO
安井元康さん

大学を卒業後、複数のベンチャー企業を経た後、ケンブリッジ大学に私費留学。同大でMBAを取得後、帰国。コンサルティング会社を経て2017年から現職。著書は『一気に伸びる人の自己投資のキホン』（すばる舎）ほか多数。

女子力アップコンサルタント
澤口珠子さん

スフィアロココス代表取締役社長、婚活コンサルタント。毎月全国で開催する女性向けグループコンサルは国内外問わず参加者が集まる。著書は『愛もお金もすべて手に入る 美しく自由な女になる方法』（総合法令出版）ほか多数。

大切だ。
　また、お財布に余裕がない人も、「お金がなくても自己投資は可能」と、女子力アップコンサルタントの澤口珠子さんは断言する。「ボランティアでスキルを学ぶなど、いくらでも方法はあります。将来を見据えて、今すぐ行動に移しましょう」。

自己投資を始める際の心構え

心構え
ベストタイミングは待っていても来ない

「仕事が落ち着いたら」「ボーナスが入ったら」と言い訳していては始められない。「小さな一歩でいいから、まずは踏み出して」。

心構え
仕事（本業）を一生懸命やってみる

「本業に注力すると『プレゼンのスキルが必要』などと、適切な投資先が見えてくる。本業に近いほうがリターンも得やすくなります」

自分自身に
投資をし続けて
人生をサバイブする
安井さんが指南！

心構え
スキルを磨くだけでなく、「経験や視野を広げる」ことを意識する

「スキルや知識を磨いても、机上の空論では意味がない。実際の仕事で1から10までやり遂げ、経験と視野を広げることが肝心です」

自己投資で「成功する人」「失敗する人」ここが違った！

自己投資だと構えすぎず、日常のなかで自然にできるよう仕組み化している

ハードルを下げるのが継続の秘訣。「毎日10分は机に座る」などと習慣化しよう。

「こうありたい」というゴールを見据えている

英語を学ぶにしても、「仕事で使うため」と明確なゴールを描けるかどうかが成功の鍵。

人生の一発逆転を狙おうとする

難関資格や留学で挽回を狙うのは、危険。「そのために仕事を辞めるのは最もリスキー」。

慣れないうちから大きくお金をかける

「いきなり授業料を払うのは自己投資ではなく、現実逃避のための浪費になる場合も」

成功への近道

① お金をかけずに時間をかけることで始める → ② 時間をかけることに慣れたら、やりたいことや目的を明確にして、投資すべきポイントには、お金をかけてみる

おすすめ自己投資

和の教養

「茶道や華道、俳句や和歌などは教養が深まり、一生の趣味になりますよ」

実用的な資格の習得

「勉強するなら簿記や宅建など『確実に仕事に生かせる資格』にするべき」

副業、パラレルワーク

「終身雇用が危うい今、副業やパラレルワークといった柔軟な働き方を考えたい」

健康関連

「人間ドック、漢方や運動などで体のケアとメンテを。健康が一番の資本です」

美容関連

「永久脱毛や歯のホワイトニングは費用対効果が高く、時短にもなります」

一生モノの小物

「プチプラよりも、ハイブランドのジュエリーや時計のほうが長く使えてお得」

ムダかも？自己投資

女性の本質を射抜く
澤口さんの
おすすめ／ムダかも?
自己投資はコレ!

キラキラネームの資格

「取得難易度の低い民間資格は、結局仕事に結びつかないことも多いので注意!」

月会費のエステ、ジム

元を取るぐらい通えれば立派な投資。でも通えなければ、痛い固定出費＆浪費に。

洋服、靴、バッグ

「投資しすぎても数年間でくたびれてきます。消耗品と割り切って」

ムダな飲み会、女子会

「惰性で続く会はお金と時間のムダ。女子会断ちして、婚活に成功した事例も」

今の自分の幸せ度をアップ&5年後の私が変わる!

人生がガラリと変わった人のお金のかけどころ

何にお金をかければ、自分にメリットがあるのかが分からない人も多い。
自己満足だけに終わらず、“自分投資”で人生が変わった人に、
“お金のかけどころ”を聞きました!

ライタースクールで“伝える技術”が身に付き、マネージャーに昇格!

部下への接し方が変わりました!

お金のかけどころ

スキルUP

に投資!

〖ライタースクール〗

約10万円
／6カ月

data

32歳・
フュービック メディア
クリエイティブディビジョン
マネージャー

岩井恵莉子さん

● ひとり暮らし

リラクゼーション関連の店舗などの企画からデザインまでを手がける岩井恵莉子さん。チーフとして部下を指導しながらコピーのセンスも磨きたいと、3年前にライタースクールへ通い始めた。「チーム内に足りないのは商品を魅力的に見せるコピーの力。そのスキルさえ身に付ければチーム力はもっと上がると考えました」。

Before 以前の私は…

その場しのぎでお金を使い、成長や変化がない日々が続く

現場の仕事とマネジメントを兼任し、仕事漬けの毎日を過ごしていた岩井さん。疲労がたまればマッサージに月5万円も費やしたり、ストレスがたまれば1回しか着ないような高価格の洋服に散財したりして、その場しのぎでお金を使ってしまうことが多かった。

失敗しちゃった お金のかけ損リスト

グリーンのライダーズスーツ

「7万円もしましたが、1回しか着ていません」

アロママッサージや整体

「衝動的に通い、1回2000〜1万円のマッサージに月5万円ほどかけていたことも…」

After 人生を変えた自分投資 close up!

きっかけは？

キャッチコピーの作り方が仕事で必要なスキルだったから

デザインチームに刺さるコピーを書ける人がほぼおらず、「私がそのスキルを身に付けて、チーム全体のスキル向上につなげたいと考えました」。

どんなリターンがあった？

“伝え方”の重要性を知り、部下の離職率がゼロに！

「言いたいことだけを一方的に伝えるだけでは相手に伝わらない」ということを授業で学び、部下の育成や仕事に生かせた。

授業料は半年で10万円。高い投資だったが、その分を仕事の成果で取り戻そうと取り組んだ。すると、授業で学んだ「伝わるコピーの書き方」が実務以上に部下の育成の場面で役立った。「離職する部下が相次ぎ悩んでいたのですが、相手の気持ちを考えず自分が伝えたいことだけを一方的に伝えていたことに気づきました」。伝え方を変え、部下から話しかけやすい雰囲気づくりを心がけた結果、離職率ゼロに。岩井さんのマネジメント力が社内で評価され、昨年末マネージャーに昇格した。「現状を変えたいという思いがあったからこそ、学びがチーム力アップにつながりました」。

お金のかけどころ
住環境
に投資!
〖家賃〗
5万円→10万円
／月

ダブルベッドと
ソファにも投資

家賃をアップして “疲れが取れる家”に!

以前の住まいから家賃を5万円アップし、通勤時間を15分短縮＆広めの間取りに住み替えた。ダブルベッドやソファも購入し、「リラックスする時間が増えました」。

お金のかけどころ
美容
に投資!
〖岩盤ヨガ〗
3500円
／1回(月2回)

じんわり
汗をかいて
リフレッシュ

冷え性が和らぎ 目の下のクマが薄くなった

激しい運動が苦手な岩井さんが通い始めたのが、岩盤ヨガ施設「ゼロヨガ」。じんわり汗をかくことで基礎代謝が上がり、気持ちもリフレッシュ。「冷え性が改善され、目の下のクマが薄くなった気がします」。

お金のかけどころ
体のメンテナンス
に投資!
〖ストレッチ〗
1万5000円
／1回(月2回)

自分では伸ばせない 筋肉も伸ばし 肩こりや気だるさが軽減

「ストレッチ専門店の『ドクターストレッチ』で、自分ではなかなか伸ばせない筋肉も伸ばしてもらうことで、ほぐすだけでなく、インナーマッスルも鍛えられている感じが。肩こりや気だるさも軽減しました」。マッサージに通うこともなくなったそう。

お金の削りどころ

ここにはお金をかけません！

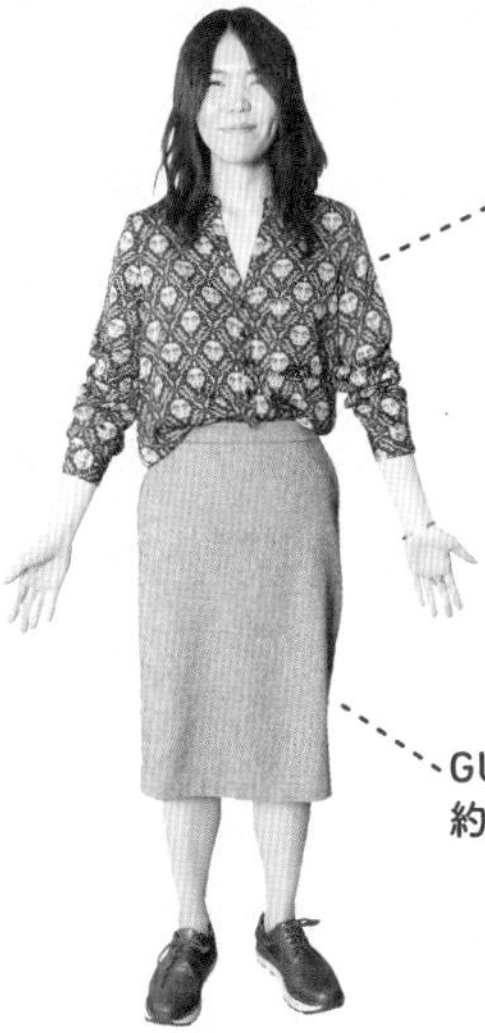

年間の服飾費は約1万円

ユニクロ、GU、ZARAの10着を年間で着回す

プチプラ服を選び、クローゼットには上下合わせて約10着のみ。「通勤コーデは5通りに絞り、着回します。コーディネートに迷う時間もゼロに!」。

不要な家電は持たない

洗濯機やテレビを捨て電気代を節約

引っ越しと同時に洗濯機を捨て、洗濯は手洗いに。「YouTubeを見ながら洗濯する時間が今では気分転換に。テレビや電子レンジも捨てました!」。

コスメ代は年間1万円

プチプラの化粧水をたっぷり使う!

以前は高価格帯のスキンケアコスメを使っていたが、「化粧水をケチケチ使うよりバシャバシャ使いたいと思い、プチプラコスメに替えました」。

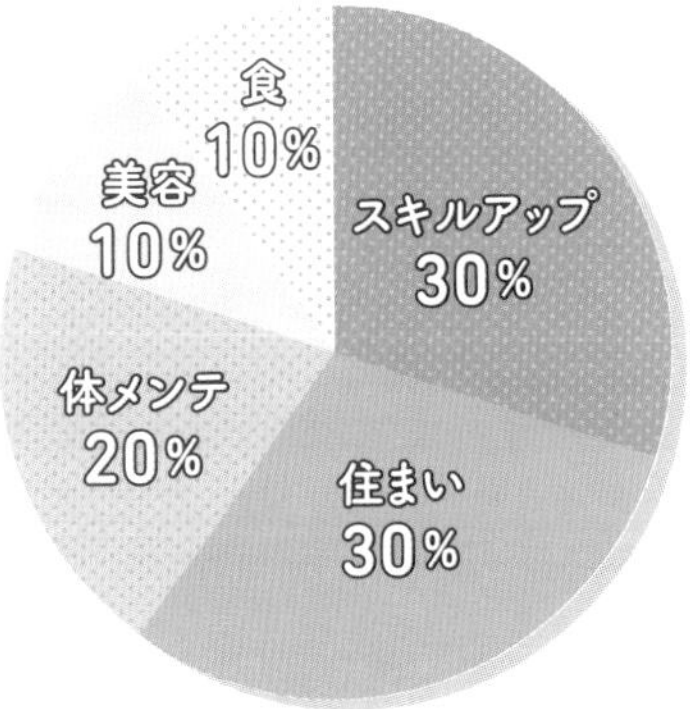

＼ 岩井さんの ／

お金の自己投資バランス

「快適に過ごせる住環境や体のメンテナンスなどに投資することで、感情の起伏が小さくなり、衝動的にお金を使うことが少なくなりました。今は年収の約30%を自己投資に費やしています」

お金のかけどころ

ダンス

に投資!

▼

〖ベリーダンス〗

約200万円

/6年間

ベリーダンスに200万円投資し 自信と第2の肩書を手に入れた!

仕事もダンスも
全力投球
しています!

data

35歳・
ココナラ 管理本部
経営管理グループ
経理/財務リーダー

照沼かおりさん

● 夫と2人暮らし

coconala

会社の創立記念式で衣装を着てベリーダンスを披露。「盛り上がりました」。

お金のかけどころ

住居兼スタジオ

に投資!

▼

〖家賃〗

2万円アップ

/月

自主練用の部屋を作るために夫を説得し、家賃を上げて広めの家に住み替えた。

個人間で〝スキル〟を売り買いするスキルシェアサービス運営の「ココナラ」で経理・財務リーダーを務めながら、プロのベリーダンサーとして活躍する照沼かおりさん。29歳でベリーダンスを習い始めてすぐ講師に素質を認められ、32歳でプロに転向。3万円の月謝や1着3万～10万円の衣装代にお金を費や

After

人生を変えた自分投資 close up!

きっかけは？

学生時代から習っていた サルサを上達させるため

学生時代に始めたサルサを上達させるために、ベリーダンスを習い始めた。終業後、家の近所の教室に週3回通い、プロに転身。現在もレッスンは受けている。

生徒に教えるために、ダンスの指導法をノートにまとめて勉強した。

どんなリターンがあった？

体形や容姿に自信がつき、 胸を張れる強みを手に入れた

「ベリーダンスが上手な経理リーダー」と取引先からも覚えてもらえ、自信を持って仕事にも取り組めるように。「心身ともにタフになりました」。（笑）

仕事に取り組む姿勢が評価されて、社内の準MVPに選ばれ、表彰された。

Before

以前の私は…

“一瞬の快楽”のために お金をかける傾向が…

新卒で商社で働いていた頃から、経理の勉強などにお金を費やしていた。だがそれ以上に、タクシー代や外食費といった消費するモノに躊躇《ちゅうちょ》なくお金をかけていたという。「一瞬の快楽のためではなく、今は将来につながるお金の使い方を意識しています」。

失敗しちゃった お金のかけ損リスト

マッサージ
疲れたら1回1万円のマッサージへ。

洋服
「商社勤務時代は月5万円以上、洋服に費やしました」

バレッタ（髪飾り）
「1万円ほどのバレッタを10個購入しました…」

タクシー
「時短のため、気軽にタクシーを利用していました」

ランチ
ランチ代は毎日1000円以上。「贅沢ランチを楽しむ日も」。

し、さらに自主練用のスタジオを作るためプラス家賃2万円の2DKの物件に引っ越した。6年で200万円以上をダンスに投資したが、そのリターンは十分あったという。

「コンプレックスだったぷっくりしたお腹や肌の黒さも、個性と捉えて美しく見せられるのがベリーダンス。自分に自信が持てるようになりました」。さらに観客の前で踊り、生徒に教えることでコミュニケーション力や表現力が磨かれ、堂々と仕事の取引先と交渉できるように。「ダンスと仕事の両輪で毎日が充実すると心に余裕が生まれ、人と自分を比べなくなる。周りから笑顔が増えたねと言われます」。

専門性を磨くため書籍などで独学

経理やファイナンスなどの専門性を磨き、管理職に必要な交渉術なども学ぶため、書籍や有料のネットニュースなどを利用し、毎日30分ほど勉強している。「週1回上司と面談し、指摘された足りない知識を補っています」。

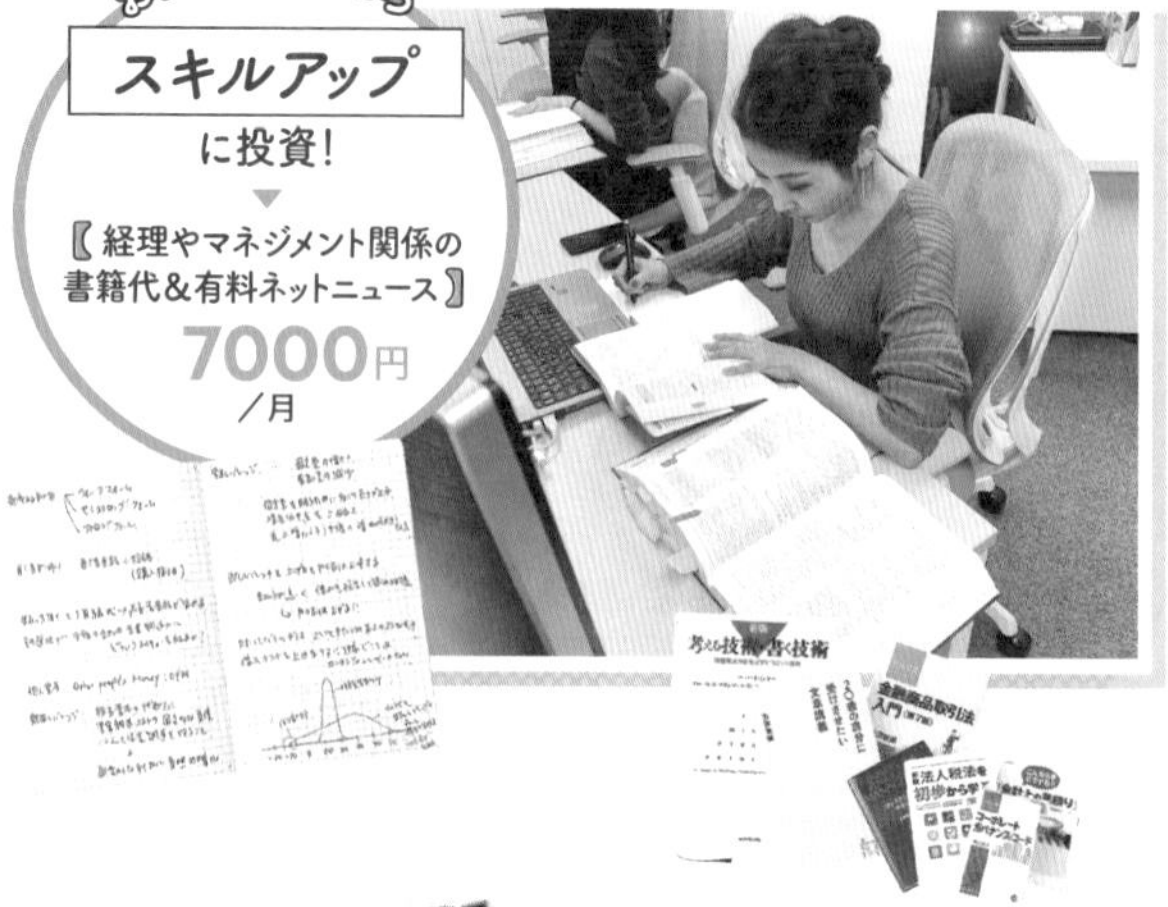

お金のかけどころ

スキルアップ

に投資!

▼

〘 経理やマネジメント関係の書籍代&有料ネットニュース 〙

7000円

／月

体を整えることを習慣化して病気にならなくなった

少しでも美しくベリーダンスを踊るためにピラティスやボディーワークに通い、インナーマッスルを鍛えたり、体の柔軟性を高めたり。「体を整えることを習慣化すると、風邪を引きにくくなりました」。

お金のかけどころ

体のメンテナンス

に投資!

▼

〘 ピラティス 〙

1万**4000**円

／1回(月8〜12回)

お金のかけどころ

体のメンテナンス

に投資!

▼

〘 ボディワーク 〙

1万円

／1回(月1回)

お金のかけどころ

美容

に投資!

▼

〘 美顔器 〙

5万円

人前に出ることが増えて美容への投資を増加中

レストランでベリーダンスを披露したり、管理職として銀行などの取引先と打ち合わせをしたりすることが増え、「見た目も大事」と美容への投資が増加している。「月1回4000円払って美容鍼にも通い始め、顔のたるみが軽減しました」。

お金のかけどころ

美容

に投資!

▼

〘 歯列矯正(マウスピース) 〙

約**70**万円

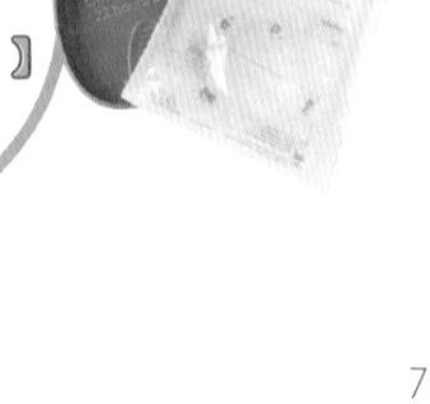

お金のかけどころ

スキルUP

に投資!

〖オンライン英会話〗

1万5000円

／月(毎朝30分)

スキルシェアサービスで毎朝30分の英会話レッスン

南米に駐在経験もあり、英会話の勉強は継続中。今は自社のスキルシェアサービスを使い、毎朝30分オンライン英会話の授業を自宅で受講。「出社前に頭がフル回転するので、仕事にもすぐ取りかかれます」。

お金の削りどころ ここにはお金をかけません!

ワンシーズンの洋服代は1万5000円

スーツの下に着る薄手のシャツのみを買う

以前は、ストレスがたまれば衝動的に洋服を買っていたが、今はほとんど買わない。「スーツの下に着られる薄手のプチプラ服を着回しています」。

飲み物代は0円

水筒を持参してコーヒー代を削減

チェーン店のコーヒーなどを買うのをやめ、飲み物は水筒にお茶を入れて持参するように。「チリも積もれば、大きなお金になります!」。

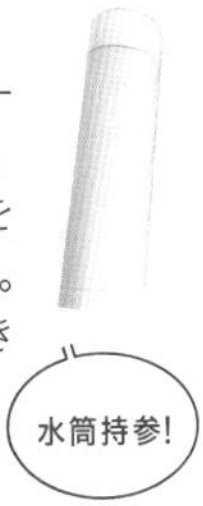

ランチ代は月3000円

「外食→お弁当」で午後の集中力アップ

以前は毎日1000円以上のランチを食べていたが、今はお弁当を持参。「食事の量が減って午後は眠くならなくなった」。

＼ 照沼さんの ／

お金の自己投資バランス

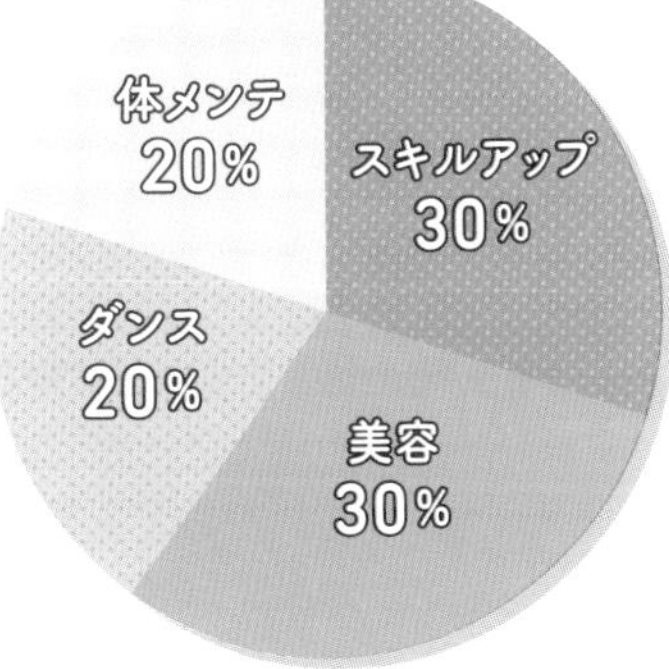

「ダンスは投資というより、ショーで踊ったり指導したりすることで収入源に変化しつつあります。今は、スキルアップや美容などの未来への投資の割合が増加中。年収の30%は自己投資に使っていますね」

「玉ねぎ丼」でマクロビ料理にはまり、健康と充実した日々を手に入れた！

彩りのよい
マクロビ料理を
目指しています

お金のかけどころ
健康・食事
に投資！
〖マクロビ料理教室＆
マクロビお菓子教室〗
約 **45** 万円
／3年間

data
30歳・
食品会社
商品開発

金指《かなざし》安里さん

● ひとり暮らし

マクロビの虜《とりこ》になるきっかけの玉ねぎ丼（左上）。大豆ミートで作ったベジ肉まんとさつまいもあん入りのあんまん（右上）。師範コースの卒業式（左）。

食品会社で商品開発を担当する金指安里さん。乳製品アレルギーを発症したのを機に、３年前から玄米や豆類、野菜などを使うマクロビオティック料理教室に通い始めた。「初級コースは座学の勉強が多く、料理の見た目も地味で正直つらかった」（笑）。しかし、ある料理との出合いで一気にマクロビの世界に

After

人生を変えた自分投資 close up!

✓きっかけは？

アレルギーで体調不良になり食の知識を学びたかったから

乳製品アレルギーの改善はもちろん、同時期に食品会社に転職したことで、食の知識を増やして仕事に生かせたらという、気軽な気持ちでマクロビ教室へ。

✓どんなリターンがあった？

医療費＆外食費が削減され、商品開発の仕事にも役立った

健康を手に入れ、医療費＆外食費削減に。自炊した料理をインスタに上げることで盛りつけが上手にも。「商品開発の仕事にも食の知識が役立っています」。

Before

以前の私は…

資格取得にハマり、30万円費やしたが役立っていない…

資格取得にハマって30万円費やし、役立っていない失敗談も。また、乳製品アレルギーに伴う体調不良に陥った。「友人との外食が多く、外食費に使いすぎることも。食材を気にしてメニューを注文しづらく、友人に気を使わせるのが嫌でした」。

失敗しちゃった お金のかけ損リスト

資格取得

「食育アドバイザーや薬膳マイスター、旅行業務取扱管理者などの資格取得に計30万円費やしましたが、実際に生かせていません…」

交際費

月2万5000円の外食費＆ほぼ毎月開いていた仲間との誕生日会のプレゼント代が年3万円。

洋服代

「正規価格で買うことが多く、月2万〜3万円かけていました」

魅了される。それが「玉ねぎ丼」だ。「玉ねぎを醤油で炒めるだけであんなに甘みが出るとは衝撃的で！ 中級コースに進むと彩りのよい料理を教わり、楽しくなりました」。上級、師範コースを卒業し、今はマクロビのお菓子教室に通う。「トータル45万円もかかったけれど、学んだ知識を生かした自炊生活を機に体調が良くなり、一時年間10万円ほどかかっていた医療費も数千円に大幅ダウン。外食費も今は月3000円ぐらいに」。マクロビ仲間やインスタで知り合った人と食の話をするのが楽しいと金指さん。「自分の体をつくるための投資の先に、こんな充実した日々が待っているとは思いませんでした」。

お金のかけどころ

日用雑貨

に投資!

▼

〖 調理器具 〗

約3万円

／3年間

アサヒ軽金属の圧力鍋
約2万円

フィスラーの鍋
半額の3000円で購入

マスタークックの土鍋
3000円

土鍋ならあずきがふっくら炊ける!

おいしさを追求した機能性の高い調理器具

少しでもおいしいものをという思いが募り、3年で3万円かけて調理器具をそろえた。「小豆や玄米がふっくら炊ける土鍋や、野菜スープの具材がトロトロに炊けるフィスラーの鍋がお気に入り」。

お金のかけどころ

スキルUP

に投資!

▼

〖 カフェ英会話 〗

500円

／1回（週3回）

人と話すことの苦手意識がなくなった

英会話力を伸ばし、さまざまな人に出会いたいと、5年前から早朝に開催している「カフェ英会話」に週3回通い続けている。「多様な年代・職業の人と会話する時間が、仕事のプレゼンなどにいい影響を及ぼしています。今は運営スタッフとして参加中」。

お金のかけどころ

健康

に投資!

▼

〖 ヨガの資格取得 〗

約100万円

／1年

筋肉や体力がついて仕事にも精力的に取り組む

体調不良になってからヨガを始め、100万円かけてインストラクターの資格を取得。今は月1回ヨガを教えている。2年前からジムにも通い始めた。「筋肉をつけようと、週3回ほど通っています。ごはんがおいしく食べられます」。

お金のかけどころ

健康

に投資!

▼

〖 サーキットのジム 〗

5500円

／月（週3回）

盛りつけセンスを上げる食器

以前は100円均一の食器を使っていたが、自炊をインスタで公開するために盛りつけを意識。約2万円かけて食器をそろえた。「オムライスならこのお皿かなと具体的にイメージして選びます」。

インスタ映えする食器を購入。森修焼4000円

お金のかけどころ

日用雑貨に投資!

〖食器〗

約**2**万円／半年

お金の削りどころ

ここにはお金をかけません!

自炊を増やし外食を減らす

外食費を月3000円までに抑える

自炊を増やしたおかげで外食費が大幅に削減。「その代わり、友人を招いて食事を振る舞ったり、オーガニック野菜を買ったりすることにお金を使います」。

メルカリで洋服を購入

ブランド品の洋服をメルカリで半額で購入

以前はデパートで月2万～3万円ほどの洋服を購入。「今はお気に入りのブランド品をメルカリで売り買いして、洋服代を月1万円以内に抑えています」。

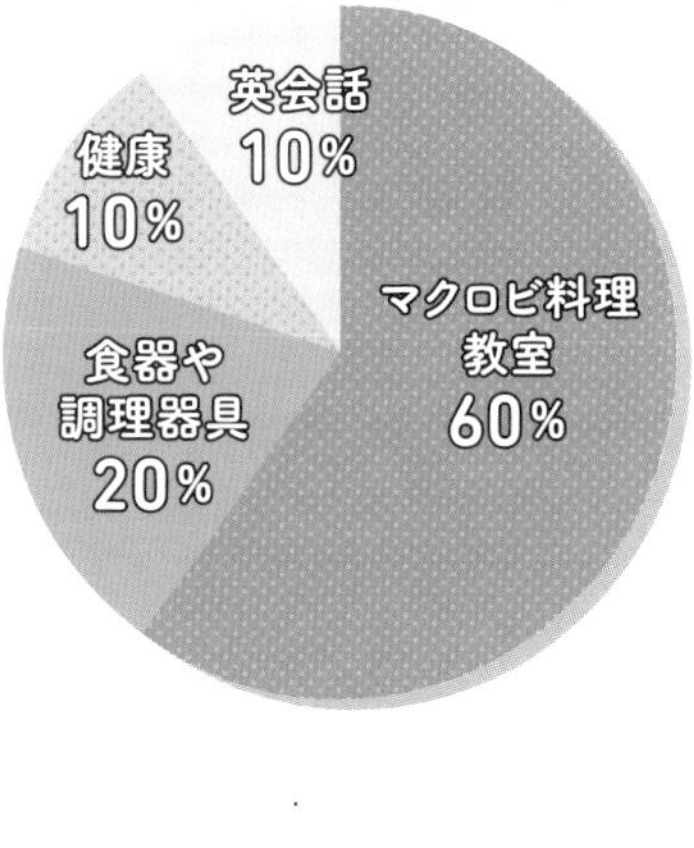

＼ 金指さんの ／

お金の自己投資バランス

将来への不安から複数の資格取得に走ったことも。「今の自分を良くするためには何が必要か、何をすればワクワクするかを考えて自己投資することが大切。収入の20～30％は自己投資に費やしています」。

地元のオススメも紹介!

働き女子の

自己投資ライフ

貯蓄や投資だけでなく、勉強や趣味などに
上手にお金を使って人生を楽しむ人が急増中。全国の働き女子が登場します!

case 1

HYOUGO 兵庫県

東条いずみさん

仮名・28歳・製造・開発

● 夫と2人暮らし

大学を卒業後、食品メーカーへ就職。3年半後、結婚を機に神戸に戻り、地元の食品メーカーに転職した。今年で2年目。

data

手取り年収
350万円

手取り月収
23万円

貯蓄&投資
500万円(世帯で)

〖1カ月の主な家計簿〗

- **住居費** ▶ 4万円（夫の会社で家賃補助あり）
- **食費** ▶ 5万円
- **日用品代** ▶ 5000～1万円
- **服飾・美容費** ▶ 2万円
- **交際費** ▶ 3万円　**通信費** ▶ 1万円
- **貯蓄&投資** ▶ **約20万円(世帯で)**

給料日の翌日にソニー銀行の積立定期預金へ2万円、楽天銀行の「資金お引越し定期」へ3万円を入金。「金利が0.1%以上でお得」。つみたてNISAで月3万3000円などコツコツ投資も。

ここは節約

格安スマホに替え夫婦で1万円以上お得

「昨年、夫婦で格安スマホに。月約8000円だった私のスマホ代は2500円前後に。夫と合わせて1万円以上も節約!」

平日のスケジュール

5:00	起床
6:00	朝食
6:20	家を出る
8:00	始業
17:00	終業
20:00	帰宅
20:30	夕食
22:00	就寝

録画した経済番組で情報収集

関西の大学を卒業後、新卒で食品メーカーに就職した東条いずみさん。技術職として3年半勤めた後、結婚を機に兵庫県へ。昨年転職し、現在は地元の食品メーカーで商品開発と品質管理を担当する。

「今はまだ補助的な仕事が多

器を集めるのが趣味。今は仕事のスキルアップが目標!

こんな自己投資してます

スキルアップしたい！

資格を取得するごとに給料アップ

「英語と食品系の資格を勉強中。TOEICは800点以上が目標。食品系の資格はいくつかあり、取得すると給料がアップ。去年は食品表示検定に合格し、月2000円昇給!」

健康を維持したい！

手作りの梅酒や塩こうじで健康をキープ

「自宅で梅酒やクコの実の酒、塩こうじなどを作って楽しんでいます。クコの実は眼精疲労の回復にも効果があるなど、薬膳についても少し勉強しました。体調管理のため、食事に気を付けています」

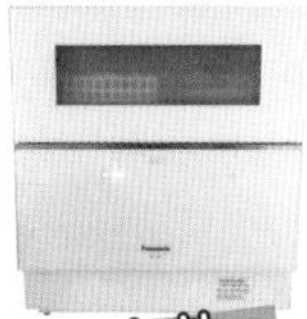

時間を有効に使いたい！

食洗機で家事がラクに! 夜はゆっくり過ごす

「昨年のボーナスで7万円の食洗機を購入。フライパンなど大きなものも洗えるのが◎。食後から寝るまでの時間を有効に使えるようになりました」

お気に入りを使いたい！

気に入った器を使い分けて楽しむ

「フィンランドで買った北欧食器は平日に、岡山に住む母の影響で好きになった備前焼の器は週末に使用。お気に入りの食器に盛った料理はおいしく感じます」

＼東条さんオススメ／ 兵庫県はここがイイネ！

「イチオシは、ちょっと塩気がある熱々のチーズケーキです。神戸の元町本店はカフェもありますよ」

「『世界一の朝食』と呼ばれる、神戸北野ホテルの豪華モーニングは、ぜひ一度食べてほしいです。レトロな内装も素敵!」

「神戸市灘区にある六甲山の鉢巻展望台からの夜景は本当にきれいで、時間が経つのも忘れます。デートスポットとしても人気です」

いのですが、知識や経験を増やし、スキルを磨いて早く一人前になりたいです」

週末には勉強時間を確保する。「海外旅行のために英会話を。スキルと給料アップのために、品質管理検定など、仕事に関する資格取得を目指しています」。

「いつか子どもができたときのために」と、定期預金や投資信託でコツコツ資産も増やしている。

そんな東条さんがハマっているのが器。北欧食器と備前焼を少しずつ集めており、平日と週末で器を使い分け、食事の時間を楽しむ。「健康食作りも趣味のひとつ。梅干しや塩こうじ、薬膳酒などを作り、健康にも気を使っています」。

名産がたくさん
北の大地

case 2
HOKKAIDO
北海道

南谷真紀さん

仮名・29歳・教育・教員

● ひとり暮らし

大学で教育学を専攻し、卒業後は地元の北海道で中学校の教員として働いている。現在の学校は2校目で、2年前から勤める。

data

手取り年収
400万円

手取り月収
25万円

貯蓄&投資
400万円

〘1カ月の主な家計簿〙

- **住居費** ▶ 1万2000円
- **食費** ▶ 1万円
- **日用品代** ▶ 3000円
- **水道・光熱費** ▶ 1万円
- **交際費** ▶ 4万円
- **服飾・美容費** ▶ 4万円
- **貯蓄&投資** ▶ **10万円**

公務員住宅を利用

給与の振込先口座を2つに分けられるので、月10万円を貯蓄用口座に、残りを生活費用口座に入金されるよう設定。「今年はiDeCoとつみたてNISAを始める予定です」。

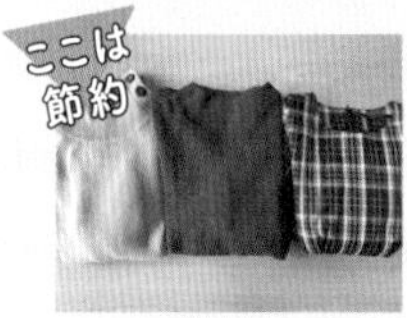

流行りの服はメチャカリで

「服がレンタルできるサービス、メチャカリを利用。返却手数料を含め、月約7000円です」。流行の服は、買わずに借りる。

平日のスケジュール

6:30	起床
7:30	家を出る
8:00	始業
12:30	昼食
16:30	終業
17:00	帰宅
18:00	夕食
22:00	就寝

近所の温泉へ通うのが日課

貯蓄への貪欲さは忘れず、美容費と交際費は抑えません！

北海道で中学校の教員として働く南谷真紀さん。「中学時代の先生に憧れて、現在の職に就きました。恩師のように、温かく子供たちの成長を見守っていきたいです」。

仕事の疲れがたまらないよう、週末は彼氏や友人、実家の家族に会う。「おしゃべりでリフレッシュ。土日は必ず出かけるので、交際費は月4万円と少し高めです」。また、身だしなみを整えるための美容費も惜しまない。「2カ月に1回は美容院へ。エステとまつエクサロンは月1ペースで通います」。

家計が赤字にならないよう、日用品代や食費などは節約する。「食事は自炊がメイ

こんな自己投資してます

スキルアップしたい！

自炊レシピはデジタルより書籍派

「料理が大好き。レシピを本で調べ、作ったものに付箋を貼るのが楽しい!」。宝島社の『syunkonカフェごはん』シリーズは、すべてそろえた。

リフレッシュしたい！

250万円の車を一括払いで購入

「彼の家と実家がある街までは、自宅から車で2時間程度。週末には必ず会いたいので、マイカーを購入しました。日産の燃費のいい車種を選びましたが、走行距離が長いので、ガソリン代は月1万円程度です」

キレイになりたい！

こだわりの下着で美しいスタイルを保つ

下着はオーダーメイドのものを使用。「1cm刻みで測って作ってもらいました。着用中もずれることなく、胸の形をキープしてくれます。6万円で、4セット購入」。

毎日、近所の温泉でプチ旅行気分

自宅から車で10分程度のところにファミリー向けの温泉があり、入浴は毎日そこで満喫する。「6カ月定期券を2万5000円で購入。心を癒やす大切な時間です」。

リフレッシュしたい！

＼南谷さんオススメ／

北海道はここがイイネ！

SPOT

標茶町《しべちゃちょう》のヘイゼルグラウスマナー

「素敵すぎるオーベルジュ（宿泊施設付きのレストラン）。ランチのみの利用もできます。宿泊するなら早めの予約がおすすめです」

SPOT

千歳市のまちライブラリー

「置かれている本は、利用者から寄贈されたもの。飲食も可能で、Wi-Fiも使えます。旅の合間にぜひ」

SWEETS

由仁町《ゆにちょう》の「牛小屋のアイス」

「冬季は休業中ですが、2020年は4月から開業予定。牧場の目の前にアイス屋があるため、搾りたて牛乳で作られたアイスを食べることができます」

SWEETS

千歳市のドレモ ルタオ

「先週も訪れたばかりの、お気に入りのスイーツショップ。ここで食べられるパンケーキは食感がふわふわで、幸せな気持ちにしてくれます」

ン。休日に、スーパーで1週間分の食材をまとめ買いしてやりくりします」。抑えるべきところはしっかり抑え、生活費は月々の予算内に。2年前から月10万円の貯蓄を継続している。「30歳までに500万円貯めて、彼との結婚資金などに使いたいです！」。

case 3
@CHIBA
千葉県

落花生の名産地

米沢京子さん

仮名・27歳・医療・専門

● 夫と2人暮らし

神奈川の大学を卒業後、東京で医療関連の職に。2018年7月に結婚し、千葉に引っ越した後も、同じ仕事を続けている。

data

手取り年収
300万円

手取り月収
21万円

夫の手取り月収は20万円

貯蓄&投資
950万円（世帯で）

〖1カ月の主な家計簿（世帯）〗

- 住居費 ▶ 8万1000円
- 食費 ▶ 3万5000円
- 日用品代 ▶ 1万円
- 水道・光熱費 ▶ 8000円
- 小遣い ▶ 4万円
- 貯蓄＆投資 ▶ **13万円**

自分は1.5万円 夫は2.5万円

私の給料から月10万円を財形貯蓄に。ほか、月3万3333円ずつ、つみたてNISAで投資信託を積み立て。生活費は基本的に夫の給料でやりくりします。月5万円程度を残し貯め。

ここは節約

格安スマホで年間7万円を節約

「今年10月、夫婦で格安スマホに乗り換え。携帯代は2人で月5000円に。家計への負担が減って大助かりです!」

平日のスケジュール

5:15	起床
6:00	朝食
8:30	始業
19:30	終業
21:00	帰宅
21:15	夕食
21:45	入浴
22:30	就寝

朝の通勤中にお金の勉強

世帯月収が減っても、夫婦で海外へ行きたい！

「新婚旅行で訪れたパラオがあまりにも素敵で、年1回は夫婦で海外へ行くことに決めました」。そう話すのは、1年半前に結婚した米沢京子さん。「旅行の資金を貯めるため、毎日の仕事を頑張っています」。仕事は医療専門職。「人の役に立っている実感があるのが、この仕事の魅力です」。

忙しくても、2日に1回は自炊し、食費は夫婦で月3万円台。また、小遣いは2人で4万円と決め、互いにムダ買いを防ぐ。「最低でも月5万円は残し貯め。旅行費として使う予定です」。また老後のため、月10万円を財形貯蓄。最近は、つみたてNISAを利用し、月3万3000

こんな自己投資してます

リフレッシュしたい！

海外や国内旅行は贅沢に楽しむ

「新婚旅行は、思い切って60万円以上かけてパラオへ。いつも節約を頑張る分、旅行にはお金をかけます。年間予算は30万円。母と温泉旅行にも行きたい！」

スキルアップしたい！

料理を基礎から勉強中

貯めている人には料理上手が多いと気づきました。NHKの『きょうの料理ビギナーズ』のレシピ本を参考に、苦手だった自炊に挑戦中。

知識を増やしたい！

すきま時間にインスタをチェックして情報収集

2年前に始めたインスタグラム。情報収集に生かしている。「行きたい旅先を見つけてワクワクしたり、おいしそうな料理のレシピをまねしたり。世界が広がりました」。

スキルアップしたい！

お金の勉強をして、より賢く貯めたい

「実は、貯蓄を真剣に始めたのは、結婚を考えるようになってから」。現在は、FP3級の資格取得に意欲的だ。お金に関するテキストを購入し、片道1時間の通勤で、コツコツ勉強中。

『みんなが欲しかった! FPの教科書 3級 2019-2020年』（滝澤ななみ著／ TAC出版）ほか

＼ 米沢さんオススメ ／

千葉県はここがイイネ！

SPOT

京成バラ園

「県外から来る人も多いスポット。特に5〜6月はバラが見ごろで、園内には人がたくさん。花を見るのが好きな人はぜひ一度、訪れてほしいです」

SPOT

成田空港

「新婚旅行では、奮発してビジネスクラスを利用。ユナイテッド航空のラウンジは、離着陸が近くで見られて、迫力満点！ おすすめです」

マザー牧場

SPOT

「時間を忘れて動物たちと触れ合えるスポット。チーズやバターの手作り体験もできるほか、遊園地もあり、大人から子供まで楽しめます」

うどん紬《つ》麦《むぎ》

FOOD

「京成バラ園の帰りはぜひ、近くの『うどん紬麦』へ。うどんはこしがあり、本当においしい」

円強で投信積み立ても始めた。夫の転職などで、2020年は世帯月収が11万円ほど減った。「それでも、月10万円以上は貯蓄に回し、年1回の海外旅行には絶対に行きたい！ 今一番行きたい場所はセブ島。美しい海に癒やされるのが楽しみ」。

case 4
NAGANO
長野県

名物グルメ、信州そば

中浦康子さん

仮名・29歳・卸売・営業

● 夫と2人暮らし

新卒で卸売り関連の企業に就職し、東京本社で5年間勤務。2018年、結婚で東京を離れるため、雇用形態を変更。長野で在宅勤務中。

data

手取り年収
300万円

手取り月収
20万円

貯蓄&投資
150万円（世帯で）

〘1カ月の主な家計簿（世帯）〙

外食費の予算は月1万5000円

- 食費 ▶ 4万円
- 交際費 ▶ 2万円
- 服飾・美容費 ▶ 8000円
- 日用品代 ▶ 5000円
- 奨学金返済 ▶ 1万8000円
- 保険料 ▶ 8500円
- 貯蓄＆投資 ▶ **10万5000円**

家賃、光熱費などの固定費は夫が負担。「食費など流動的な費目は、節約が得意な私が担当」。貯蓄は月10万円を別口座に。2018年からはiDeCoで月5000円ずつ定期預金を始めた。

ここは節約

本は図書館で月30冊ほど読む

「小説などが大好き。読みたい本は図書館に取り寄せを依頼」。気に入った本はネット通販で購入し、ポイントを貯める。

平日のスケジュール

7:00	起床
7:30	朝食
8:30	始業
12:00	ランチ
19:30	終業
20:00	夕食
23:00	入浴
24:00	就寝

時間があれば図書館へ

アイドルを応援しつつ、将来に向けしっかり備える！

卸売り関連の企業の東京本社に勤務していた中浦康子さん。昨年、結婚を機に長野へ引っ越した。「遠隔で在宅勤務し、仕事を続けることに」。

結婚費用や引っ越し代で貯蓄がほぼなくなったため、仕切り直して貯蓄を再開。毎月給料日に10万円を、手動で別口座に。「10年以内に1000万円を貯め、持ち家を購入するのが目標」。生活費は、しっかり節約。スーパーでの買い物は、週2回の特売日のみ。「日用品はネットでまとめ買い。ポイントを貯めます」。また、iDeCoを利用し、月5000円を定期預金で積み立て、老後に備える。

こんな自己投資してます

リフレッシュしたい！

国内やアジア圏を年8回旅行

旅費は生活費の残りから出し、年間約50万円。「年に1度は台湾など海外へ。写真は、今年8月に訪れた静岡県浜松市の龍潭寺です」。

乃木坂46を応援し、日々パワーチャージ

「雑誌で白石麻衣さんを見かけたのがきっかけで、乃木坂46に夢中に」。年2回のライブ参戦、グッズや掲載誌、CDの購入などの予算は、年間6万円に。「ライブ遠征ついでに、帰省や観光をすることもあります」。

趣味を楽しみたい！

キレイになりたい！

ライン使いのスキンケア全額16万円で購入済み

2年前、エステティックサロンでスキンケア用品を購入。「思い切って3年分を一括で支払い。肌質が改善しメイクが薄くなったので、むしろお得だったかも」。

趣味の検定受験で生活にメリハリを！

年に1回、検定を受けるのが趣味。「2018年は、語彙・読解力検定2級を取得。勉強することで時間の使い方にメリハリが生まれ、毎日の充実感がアップ!」。

好奇心を満たしたい！

＼中浦さんオススメ／

長野県はここが イイネ！

星が見える浪合パーク

SPOT

昼神温泉郷から車で約20分。1500円で、ガイドの解説付きの星空観賞ができる施設。「昨年7月にできたばかり。まだ穴場です」。

SPOT

阿智村の昼神温泉郷

長野県の南端、阿智村にある温泉郷。「自然に囲まれゆったり。『美人の湯』と呼ばれ、つかると肌がつるつるに」。

りんごバター

FOOD

煮詰めたりんごにバターを合わせたもの。楽天などのネット通販でも購入可能。「テレビで紹介されたことも。パンやヨーグルトに合います」。

いと忠の巣ごもり

FOOD

黄味餡をホワイトチョコで包んだ和風スイーツ。「甘党はぜひ。お気に入りはブルーベリー味」。

趣味も、節約しながら賢く楽しむ。大好きな乃木坂46を応援する予算は、年間6万円。ライブ参戦は年2回までとし、〝推し〟のメンバーの掲載誌はネット通販で貯めたポイントで購入。「アイドルは毎日を豊かにしてくれる存在。できる範囲で、長く応援し続けていきたいです！」。

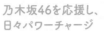

case 5

EHIME

愛媛県

郷土料理のじゃこ天

塩見祥子さん

仮名・34歳・教育

● ひとり暮らし

新卒で契約社員として10年間、学校事務を経験。その後、他校へ転職し、正社員として学校事務に携わっている。現在3年目。

data

手取り年収
320万円

手取り月収
21万円

貯蓄&投資
850万円

〖1カ月の主な家計簿〗

- 住居費 ▶ 4万5000円
- 食費 ▶ 1万5000円
- 水道・光熱費 ▶ 8000円
- 通信費 ▶ 2000円（格安スマホを利用）
- 交際費 ▶ 1万5000円
- 服飾・美容費 ▶ 1万円
- 貯蓄&投資 ▶ 4万6500円

契約社員時代から自動積立定期預金を利用し、先取り貯蓄。月5000円から始めて徐々に貯蓄額を上げ、現在では月4万円。「2年前から月6500円ずつ、投信積み立ても」。

ここは節約

移動は自転車で。車は持ちません

移動は自転車を使い、交通費を節約。「雨が降ったら、思い切ってタクシーを利用。それでも車を買うよりずっとお得」。

平日のスケジュール

7:00	起床
7:50	家を出る
8:30	始業
12:30	ランチ
17:00	終業
19:30	帰宅
20:00	夕食
24:00	就寝

オンライン英会話を受講

コツコツ貯蓄し、「学び」には積極的に投資中！

学校事務として働く塩見祥子さん。仕事では、学生から就職についての相談を受けることも多い。そこからカウンセリングに興味を持ち、産業カウンセラーの資格を取得した。「学び」のためには、お金も時間も積極的に投資するのがモットーだ。「他にも、ワインセミナーやオンライン英会話を受講中。これからも、少しでも興味を持ったことは、積極的に挑戦していきたいです」。

将来のための貯蓄もコツコツ続け、現在の総貯蓄額は850万円。2年前からは月6500円ずつの投資信託の積み立ても開始した。「バランス型投信でリスクを抑

こんな自己投資してます

好奇心を満たしたい！

月2700円でワインセミナーを受講中

地元のワイン店を訪れた際、ワインセミナーの案内を発見。1年前から通い始めた。「月1回で、ワインの知識を学びます。飲み比べなども楽しい!」。

スキルアップしたい！

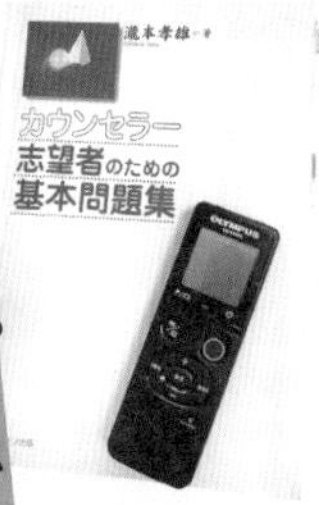

産業カウンセラーの勉強会に参加

産業カウンセラーの資格取得後も、2～3カ月に1回は勉強会に参加。「自分のカウンセリング練習の様子をレコーダーで記録して、後で確認しています」。研修費、会費を合わせて年間1万円ほど。

『カウンセラー志望者のための基本問題集』（瀧本孝雄著／ブレーン出版）

リフレッシュしたい！

月1回のオイルマッサージで仕事の疲れを癒やす

月1回程度、アロマオイルマッサージを受けるのが楽しみのひとつ。「60分以上で5000円以内のお店を選び、自分へのご褒美に。日常の疲れを癒やしてくれる時間です」。

スキルアップしたい！

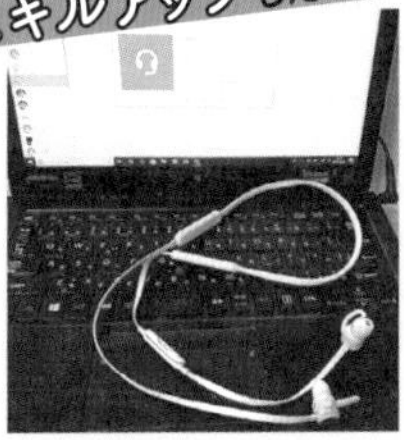

オンライン英会話を3年間継続中

月額約2700円でオンライン英会話「Weblio英会話」を受講。月4回、平日の夕食後などに30分間フリートークする。「英会話への抵抗がなくなりました」。

＼ 塩見さんオススメ ／

愛媛県はここがイイネ！

SPOT　松山市の道後温泉

夏目漱石『坊っちゃん』の舞台としても知られる道後温泉。「足湯にだけつかって、観光して帰るのもおすすめ」。

SPOT　瀬戸内しまなみ海道

サイクリングロードとして人気の海道。「来島海峡大橋のたもとから、ぼんやりと海を眺めて過ごすのが好きです」。

FOOD　焼豚玉子飯

今治市の名物グルメ。ご飯の上に、焼き豚と半熟の目玉焼きが載っている。「甘辛いたれがおいしい！　一度は食べてみてほしい味」。

FOOD　みかんジュース

「名産品だけあって、愛媛はみかんジュースの種類が豊富です」。品種で選ぶことができるものも。

え、長期で運用予定。投資を始めたおかげで経済に注目するようになり、マネーリテラシーが高まりました」。

　将来の目標は、職場の制度づくりに携わること。「現在は、長時間労働が常態化しています。皆がワークライフバランスが取れる環境をつくりたいです」。

case 6

@GUNMA

群馬県

こんにゃくが名産品

恩田愛子さん

仮名・34歳・金融・営業

● 夫と子供と3人暮らし

東京の大学を卒業後、金融系企業に就職。営業職で資産運用商品の提案をしている。2019年に出産し、現在育休中。

data

手取り年収
400万円

手取り月収
23万円

貯蓄&投資
1700万円（世帯で）

〖1カ月の主な家計簿（世帯）〗

- 住居費 ▶ 5万7000円
- 食費 ▶ 3万円
- 日用品代 ▶ 1万円
- 通信費 ▶ 9000円
- 交際費 ▶ 2万円
- 服飾・美容費 ▶ 2万5000円
- 貯蓄＆投資 ▶ **10万円**

ヘッドスパは欠かせません！

給料日に月9万円を別口座に移し、先取り貯蓄。ほか、NISAで月1万円を投信積み立てに回す。「投資は2010年から開始。100万円ほど積み立てて、現在、約59万円プラスに」。

ここは節約

私服はシンプルで合わせやすいものを

「出産後、服にお金をかけなくなり、買い物はユニクロで。シンプルで着回しやすいアイテムを選びます」

平日のスケジュール
（育休前）

6:00	起床
7:00	朝食
7:30	家を出る
8:30	始業
18:00	終業
18:30	帰宅
19:30	夕食
22:30	就寝

録画したドラマを見てのんびり

マイホームの頭金を貯蓄中。今年中に購入したい！

大学で経営学を学び、新卒で金融系企業に就職した恩田愛子さん。今年、第1子を出産し、現在は育休中だ。「今後の教育費を考えて、節約できる自分の服はリーズナブルでシンプルなものを選んでいます」。一方、子供ができてから写真撮影が趣味になり、コンパクトデジタルカメラから、6万円ほどの一眼レフカメラに買い替えた。「画質が良く、動く赤ちゃんもきれいに撮れるので、買って正解でした」。また、子供が寝ている時間を使い、資格取得のために勉強中。「普段の生活にも役立つFP技能検定を受ける予定です」。

将来は一戸建てのマイホー

こんな自己投資してます

年に1度はゆっくり旅行を楽しむ

リフレッシュしたい!

「1年に1度はまとまった休みを取り、国内外へ旅行に。2018年はハワイのオアフ島へ4泊6日の旅を。高い時期は避けて予約し、旅費は夫婦で50万円でした」

一眼レフカメラで子供をかわいく撮る

「ミラーレス一眼レフカメラを購入。子供が初めて何かをできるようになったときなど、思い出を写真に撮って残していきたいです」

趣味を極めたい!

スキルアップしたい!

すきま時間を生かし育休中も勉強に励む

「来年までにFPの資格を取ることが目標です。住宅ローンや教育費など、お金の知識を身に付ければ、日常の生活にも役立つと思って。少しずつ勉強しています」

月に1度、友人や夫と食事会

リフレッシュしたい!

「地元の情報誌などをチェックし、月に1回、仲の良い友人や夫を誘って食事会をしています。写真は地元の食材を使う人気イタリアン“セレンディップ”で。ランチで1人2000円程度」

\ 恩田さんオススメ /

群馬県はここが イイネ!

SPOT 草津温泉

「一生に1度は訪れたい名湯・草津温泉。温泉街の中心にある湯畑は、草津温泉のシンボル的存在です」

SPOT 富岡製糸場

「国内最大規模の製糸工場の史跡として、2014年に世界遺産に登録された富岡製糸場と絹産業遺産群。歴史を感じる建物は一見の価値あり!」

SWEETS ガトーフェスタハラダのラスク

「実は、ラスクで全国的に有名なガトーフェスタ ハラダの本社は群馬県。工場や直営店もあります」

FOOD 登利平《とりへい》の鳥めし

「大好きな登利平の鳥めし。地元では、行事やイベントがあるたびに出されます。まろやかでコクのあるタレも人気の秘密です」

ムを購入したいと、結婚してから夫婦でコツコツ貯蓄に励む。投資信託の積み立ても合わせ、現在の資産総額は1700万円に。「頭金をなるべく多くし、ローン返済額を抑えられたら!」。

case 7

OSAKA

大阪府

篠原かなでさん

仮名・49歳・メーカー・秘書

● ひとり暮らし

奈良県生まれ。大学を卒業後、大阪のメーカーに一般職で入社。現在は秘書業務と庶務を担う。プライベートでは離婚を経験。

data

手取り年収
400万円

手取り月収
24万円

貯蓄&投資
2500万円

〖1カ月の主な家計簿〗

- 住居費 ▶ 2万円（ローンは完済済み）
- 食費 ▶ 2万円
- 水道・光熱費 ▶ 1万5000円
- 交際費 ▶ 1万5000円
- 服飾・美容費 ▶ 2万5000円
- 習い事代 ▶ 2万円
- 貯蓄&投資 ▶ **8万5000円**

管理費と修繕積立金のみ

「勤務先の財形貯蓄で月3万円、持ち株購入で月1万円が給与天引きされる。ほか、投資信託で月3万5000円、金（きん）で月1万円を積み立て投資しています」

ここは節約

懸賞で食品や酒、化粧品をゲット!

「懸賞や商品モニターが大好き。専用サイトから食品や酒、化粧品などに応募。当たった食品でホームパーティーも」

平日のスケジュール

7:00	起床
7:40	朝食
8:15	家を出る
8:50	始業
11:50	ランチ
17:30	終業
20:00	帰宅
20:30	夕食
1:00	就寝

帰宅後は愛猫に癒される

貯蓄＆投資で老後に備えつつ、“今”を楽しむことも忘れない！

大学卒業後、大阪のメーカーに就職した篠原かなでさん。書道師範の資格を持ち、月2回、公民館を借りて筆ペンやボールペンを使った美文字の書き方を教える副業もこなす。技術向上のため、自身も書道教室に通う努力家だ。「副業の収入は月8000円程度です」。

7〜8年前から投資を始め、投資信託や金を毎月一定額ずつ積み立てで購入。給料が上がるたびに投資額を増やし、現在4万5000円を投資に回す。

「離婚をして今はひとり暮らし。マンションのローンは完済したため、浮いたお金を貯蓄と投資に振り分け、老後資金に。おばあちゃんになって

こんな自己投資してます

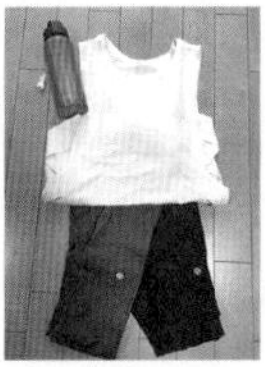

健康を維持したい！

8年間ヨガを続け、腰痛や肩こりが解消

ヨガスタジオに通い始めて8年。「毎月1万5000円で、通い放題のチケットを購入。会社帰りや休日に通います。腰痛や肩こりが改善！」。

技術を磨きたい！

月4回の書道教室でスキルアップ

子供の頃から書道を習い、5年前に師範の資格を取得した。「腕が落ちないよう、月に4回、先生に習っています」。そのスキルを生かし、週末には公民館で美文字を教える副業もしている。

リフレッシュしたい！

マイルを貯めて年に1度の海外旅行

買い物や会社の経費などの支払いは1枚のクレカジットカードに集中。マイルを貯めて年に1度は海外旅行へ。「今年は5月中旬以降に、ハワイへ行く予定です」。

“プチ贅沢”したい！

3カ月に1度のご褒美ランチが習慣

「平日のランチはお弁当持参で節約しているため、3カ月に1度はザ・リッツ・カールトン大阪へ。友人と5000円のコースを頼み、贅沢ランチを楽しみます」

＼篠原さんオススメ／

大阪府はここがイイネ！

SPOT

展望塔の通天閣

「大阪市浪速区にそびえる展望塔、通天閣は大阪のシンボル。特別野外展望台もあり、市内を一望できます」

SPOT

大阪城天守閣

「大阪城は、大阪駅から約30分、大都会のビル群に囲まれています。桜が咲く頃の景観はとてもきれいでおすすめ!」

FOOD

パリ アッシュの食パン

「市内で大人気のハン屋さん、パリ アッシュ。すぐに売り切れる商品も多く、私のお目当ての食パンは電話で予約して買っています」

SWEETS

大阪・谷町のアシッドラシーヌ

「天満橋の近くにあるパティスリー、アシッドラシーヌ。私はショコラ系のケーキがお気に入り」

も、お金の心配なく、愛猫と友人たちと笑って過ごすのが夢です」

20代の頃にバブルを経験しており、「お金をパーッと使うことにも慣れています」（笑）。年に1度は海外を旅行し、旅先でのショッピングも楽しむ。「自分へのご褒美も大切ですから」。

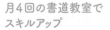

case 8

SAITAMA

埼玉県

宮前彩子さん

仮名・24歳・メーカー・企画

● 実家暮らし

埼玉県生まれ。東京の大学に進学し、文学部で学ぶ。2017年4月に都内の大手メーカーに新卒で入社。現在、商品企画を担当する。

data

手取り年収
370万円

手取り月収
24万円

貯蓄&投資
250万円

〘1カ月の主な家計簿〙

家に入れるお金 ▶ 2万5000円
食費(昼食代) ▶ 1万5000円
（水筒持参で飲み物代0円）
交際費 ▶ 2万円
服飾・美容費 ▶ 2万5000円
通信費 ▶ 6000円
習い事代 ▶ 5000円
貯蓄 ▶ 11万円

「給料日に10万5000円を自動積立定期預金で先取り貯蓄。旅行のために、月5000円を別口座で貯めています。大好きな服には月2万円程度、美容にお金はかけません」

ここは節約

格安スマホに替えて年間3万円が浮いた!

ソフトバンクから格安スマホへチェンジ。「通信費が以前より月2500円、年間3万円ほど節約になりました」。

平日のスケジュール

5:50	起床
6:00	朝食
6:50	家を出る
8:30	始業
17:30	終業
19:00	帰宅
19:30	夕食
21:00	入浴
23:00	就寝

（雑誌を読みながら半身浴）

いつか海外留学して、外資系の企業に転職したい!

埼玉県で生まれ育ち、現在も実家から都内の会社まで通勤する宮前彩子さん。職場で英語を使うことはないが、通勤時間に英単語を暗記するなど、英語の勉強は毎日欠かさない。「高校の修学旅行でイギリスに行ったのがきっかけで、海外の文化に憧れるようになりました」。将来は外資系企業に転職し、日本と英語圏の国を往復する生活が夢だそう。

「まずは、もっと語学力を上げるために海外留学したい」と、毎月11万円を先取りで貯蓄。食費や美容費は節約するが、大好きな服やアクセサリーにはお金をかける。「服はファストファッションではな

こんな自己投資してます

長く大切にしたい！

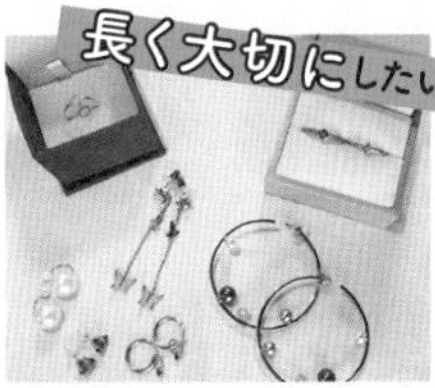

世界に1つだけのアクセサリー

オーダーメイドショップで18金のアクセサリーを作ってもらい、年に1度の自分へのご褒美に。「一生ものと思って大事に使います」。

月1でタイルクラフト教室へ通っています

「トルコにあるようなデザイン雑貨が好きで、約2年前からタイルクラフト教室に月1で通っています。小物入れやコースターなどを自分で作ると愛着が湧き、長く大切に使えます」

趣味を充実させたい！

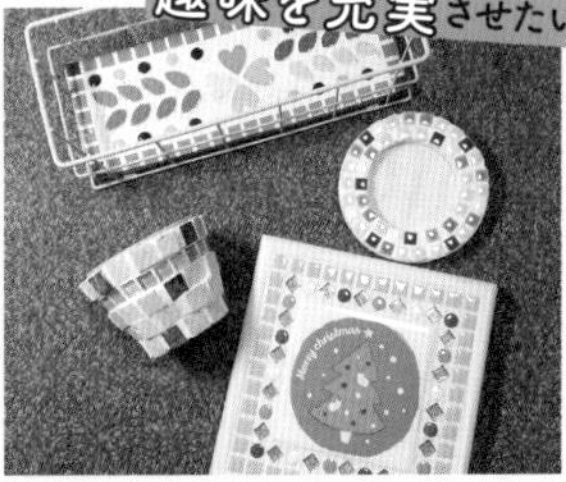

感性を磨きたい！

気に入った画家のポストカードを収集

美術館が好きで、訪れる展覧会は年20回ほど。「ミュージアムショップでポストカードを買って集めています。特に好きなジャンルは、水墨画や現代美術です」。

長く大切に使いたい！

質の良いものを買って長く着るとコスパも◎

「服やバッグは、ランバン オン ブルーや組曲など、百貨店に入ってるようなブランドのものを買って長く愛用しています。ファストファッションはほとんど着ません」

＼宮前さんオススメ／

埼玉県はここが イイネ！

秩父の長瀞《ながとろ》ライン下り

「秩父・長瀞は自然がとても豊か。船頭さんのガイドを聞きながら荒川を下る“長瀞ライン下り”は、1年を通して人気です」

SPOT

川越市の街並み

SPOT

「川越市の人気スポット、小江戸と呼ばれる古い街並み。ずらりと並ぶ重厚な蔵造りの商家は一見の価値あり」

阿左美冷蔵のかき氷

SWEETS

「秩父・長瀞の天然氷のかき氷で有名な阿左美冷蔵。1年中営業しているので、夏の大行列を避けて行くのがおすすめです！」

草加せんべい

FOOD

「草加市の名産品、草加せんべい。草加駅近辺に名店が。手焼き体験ができる店もありますよ」

く、多少高くても素材のいいものを選びます。アクセサリーは一生使える18金のものをオーダーメイド。愛着を持って長く大切に使えば、結果的にコスパもいいですから」。

社会人になってから始めた貯蓄は250万円に。「将来のため、貯蓄と勉強を頑張ります！」。

case 9

AICHI

愛知県

きしめんで
温まる〜

引田孝美さん

仮名・33歳・メーカー・広報

● ひとり暮らし

大学卒業後、専門学校でデザインを学び、デザイン会社に就職。その後、愛知県の自動車部品メーカーに転職し、広報を担当。

data

手取り年収
370万円

手取り月収
22万円

貯蓄
400万円

【1カ月の主な家計簿】

- 家賃 ▶ 5万8000円
- 食費 ▶ 2万円
- 日用品代 ▶ 1万円
- 水道・光熱費 ▶ 7000円
- 服飾・美容費 ▶ 1万3000円
- 交際費 ▶ 2万円
- 貯蓄 ▶ **4万5000円**

年2回のボーナスは1/3を貯蓄へ

「毎月給与天引きで2万5000円を財形貯蓄へ。結婚式など突発的にお金が必要なときのために、月2万円をネット銀行の普通預金口座で貯めています」

ここは節約

基礎化粧品は無印良品でお安く!

「基礎化粧品は無印良品の敏感肌用シリーズを愛用。安いので気兼ねなくたっぷり使用できて、肌にも合うのが◎」

平日のスケジュール

6:00	起床
6:30	家を出る
7:45	会社で軽い朝食
8:00	始業
17:00	終業
19:00	ジム
21:00	帰宅後、夕食
24:00	就寝

残業があっても1日1時間程度

彼と別れたのを機に、スキルアップしたいと一念発起!

7年前、転職を機に愛知県に引っ越してきた引田孝美さん。結婚を見据えて5年ほど付き合っていた彼がいたが、今年の夏に破局。それを機に「人生をリセットする」と決め、スキルアップのための自己投資を始めたという。

「将来結婚するか分からないですし、老後が不安。この先、歳を重ねても安定して収入を得るために、仕事で使えるスキルを磨こうと考えました」

学生時代に留学で鍛えた語学力を衰えさせないよう、定期的に社内のTOEIC試験を受け、800点台をキープ。約20万円かかるビジネススクールにも申し込み、この冬からロジカルシンキングや

こんな自己投資してます

リフレッシュしたい！

海外へのひとり旅にハマってます

「気ままなひとり旅が好き。今年は台湾、ベトナム、ヨーロッパへ行きました。年間の旅費は約55万円。自分で航空券やホテルを手配すれば、自由度の高い旅が楽しめます」

スキルアップしたい！

『はじめてのTOEIC L&Rテスト「先読み」と単語で730点突破！』（伊藤太ほか著／大和書房）

TOEICの勉強を続け、語学力をアップ！

学生時代にカナダに留学していたので英語が得意。「週末にテキストを使って勉強。定期的にTOEICの試験を受け、800点台を維持しています」。

暮らしを格上げしたい！

器にこだわり、“おうちごはん”をもっと楽しく

「少しずつ集めているのが器。素敵な器に盛るだけで、いつもの料理がワンランクアップ！　おちょこは、愛知県の瀬戸焼。日本酒がさらにおいしく感じます」

健康でいたい！

週末はジムに通って運動不足を解消！

「20代のときに体を壊した経験から、健康に気を使うようになりました。仕事はデスクワーク中心なので、仕事終わりにジムで運動し、汗を流して体力をアップ！」

＼引田さんオススメ／

愛知県はここがイイネ！

FOOD

「分厚いトーストにバターとあんこをたっぷりのせた小倉トースト。全国にある名古屋発のコメダ珈琲店でも食べられます」

名古屋名物 小倉トースト

SPOT

「瀬戸焼で有名な瀬戸市には、窯道具を積み上げて造った塀や石垣が続く、風情のある道があります」

瀬戸市の「窯垣の小径」

SPOT

犬山市の国宝・犬山城

「犬山市に立つ国宝の犬山城。織田信長の叔父、織田信康が築城。現存する日本最古の木造天守といわれています」

SWEETS

芳川屋のフルーツパフェ

「犬山城周辺の城下町は古い街並みを散策しながら、おいしいスイーツも楽しめます。特に芳川屋の季節のフルーツパフェがおすすめ」

マーケティングなどを学ぶ予定だ。勉強と仕事とを両立させるため、今年中に会社の近くへの引っ越しも決めた。

「まだ将来の夢や目標は分からないけれど、新しい生活をスタートさせることで、やりたいことを見つけられたら！」

おすすめ

お金と時間の「あり／なし」だけで
すぐに選べる

ひと目でわかる！

自己投資チャート

「お金が貯まったら」「時間ができたら」と言い訳して、先延ばしにしがちな人必見！ お金と時間の「ある」「なし」4つのパターン別に、プロお墨付きの「今すぐできる自己投資リスト」を一挙紹介します。

お金と時間がある人向け

お金と時間に余裕があれば、留学や大学入学など人生を変える大きな投資の検討も。
「ただし、学ぶ目的とその後の生かし方まで熟考を！」。

副業

「終身雇用」が保証されない今、本業以外で稼ぐ力をつけるのも有効な自己投資に。

＼おすすめ副業サービス／

「サンカク」

お金はもらえないが、経験が積める“準副業”サービス。「気になる企業の事業課題」についてのディスカッションに参加できる。「1社にとらわれず、異業種の現場をのぞけるチャンスを得ることができます」。

大学、大学院、MBA

国家資格受験には大学卒業が条件となる場合も。「学びの場で出会う人脈も財産です」。

留学、旅行

語学だけではなく、「異文化や歴史に詳しい」という付加価値をつけるべく貪欲に学びたい。

この人に聞きました

女子力アップコンサルタント
澤口珠子さん

プロフィールはp.69

コミュニティー、イベントで人脈づくり

「サードプレイス*で情報感度の高い人と出会うと、自分自身の成長につながります」

＼おすすめコミュニティーサービス／

「3×3 Lab Future」

より良い街づくりや社会課題の解決を目指す「エコッツェリア協会」が運営するサードプレイス。利用料を支払うことで、コミュニティースペースの利用はもちろん、定期的に開催されるイベントやワークショップにも参加できる。

ボランティア活動

「深めたい分野があるならボランティア活動を。無償の代わりに貴重な経験を得られます」

人間ドック

「人生100年時代、長く健康に働ける体が何よりの資産。定期的な健診で体のチェックを」

不妊対策

「いつかは産みたいなら、ヨガや漢方による体質改善、将来を見据え卵子凍結を視野に入れても」

一流を経験する

「一流店に行き、『自分が大切に扱われる』経験をするのも、良い投資になります」

*自宅と職場以外の「第3のくつろげる場所」を意味する

お金がなくて時間がある人向け

お金がなくても工夫次第で学べる時代。「地道に継続した学びこそ、何よりの投資。
最初はお金をかけずに始めたほうが、リスクも回避できて続けやすい」。

副業

得意な分野やスキルがある人は、マッチングサイトなどで自分の実力を試してみよう。

＼おすすめ副業サービス／

「ランサーズ」

スキルのあるプロと企業とをマッチングする仕事依頼サイト。

「クラウドワークス」

依頼者と働き手がオンラインでマッチング、仕事を受発注できる。

「ストアカ」

「教える」と「学ぶ」をマッチングし、対面形式で学べる。

「ココナラ」

知識・スキル・経験を売り買いできる、スキルのフリーマーケット。

「note」

文章、写真、映像など手軽に投稿できるクリエイターと読者とをつなぐサービス。作った作品を簡単に売買できる。

「ビザスク」

各分野のプロに1時間から相談できる。新規事業の相談なども可。

美術館など公共施設の無料イベント

大学付属の美術館・博物館など、意外に入場無料の施設は多い。知的な刺激を受けて。

瞑想

時間があるときにこそ、自分と向き合う瞑想を試したい。「瞑想は自己肯定感を高めます」。

＼おすすめ瞑想サービス／

「ヴィパッサナー瞑想合宿」

「物事をありのままに見る」という意味のヴィパッサナーは、インドの古い瞑想法。京都と千葉に合宿所がある。10日間のコースは参加者の寄付金で賄われる。

ボランティア活動

「リタイアした人など、人生の先輩からスキルを学べるのもボランティアのメリット」

自治体主催イベント

「自治体主催の各種セミナーも狙い目。起業セミナーは助成金の申請に役立つ場合も」

クラウドファンディングを企画

「やりたいことがあるなら、クラウドファンディングで資金を募るというのも手です」

自炊する

「健康的な食生活は自分への投資になり、妊娠・出産のためにも効果的」

書店や出版社主催のセミナー

「刊行記念の講演会やセミナーは著書を買うだけで参加できるものも多く、お得です」

スポーツセンター

自治体のスポーツセンターなら数百円で利用可能。運動習慣が将来の寝たきりを防ぐ。

新聞でバランス良く情報を収集

ネットで目につく記事ばかり読んでいては情報が偏りがちに。新聞で社会の動きを知ろう。

図書館で本を借りる

「興味のある分野を学ぶとき、最初はお金をかけずに図書館の本で学ぶのもおすすめ」

お金があって時間がない人向け

家事代行など、“お金で解決できること”を積極的に増やすことが鍵。

「時間がないと自分をおろそかにしがちなので、意識していたわるようにしましょう」。

家事代行、ベビーシッター

忙しすぎて手が回らないなら、プロに頼む。「夫に家事を教える、頼むのも投資ですね」。

時間を捻出する方法を考える、すきま時間を活用する

「やるべき」と思っていたことを手放したり、5分でできる家事を考えたりしてみよう。

栄養補助食品、サプリメント

自炊が難しくても、できるだけ栄養面には気を付けたい。高機能なサプリなどで体のケアを。

寝具、部屋着、下着は良いものをそろえる

人生の3分の1を過ごす寝具、肌に触れる衣類を上質なものに替えると心身がハッピーに。

一生ものの小物（時計、アクセサリーなど）

「ハイブランドの時計やアクセは手にしたときの満足感が違う。長く使えてコスパも◎」

お金と時間がない人向け

仕事に忙殺され、お金もないという人は、まずは時間とお金の流れを可視化しよう。

「実はムダなルーティンが毎日にひそんでいる場合も多いんです」。

仕事に全力投球

目の前の仕事に取り組む。「スキルが高まると昇給や昇進というリターンが得られます」。

スマホの使用方法を見直す

スマホは時間泥棒になりがち。「私も1日に5時間も見ていたと分かり、反省しました」。

無料アプリで効率良く学ぶ

英会話アプリをはじめ、無料で学べるアプリは多い。通勤時などに活用するようにしたい。

自分のために使えるお金を把握する

自分のお金の流れを可視化しよう。優先順位が決まると、メリハリの利いた使い方ができるようになる。

自分のための時間を見つける

30分でもいいから早起きする、家事を効率化するなど、自ら時間を生み出す工夫をしよう。

PART／4

自炊で10分！美人ごはん編

美人を生み出すたんぱく質＆野菜たっぷりの食事。
手間も時間もかかりそうで尻込みしがちですが、心配ご無用。
忙しい平日の朝や晩にもさっと作れる、栄養たっぷり、
なのに簡単＆スピーディーな13のレシピをご紹介。
食費を抑えながら"美肌ごはん"を続けている達人たちの
買い物＆作り置きワザにも迫ります。

20代
30代
40代
に効くレシピ付き

女医さんも実践

たんぱく質でホルモン力UP 帰宅後10分の美人ごはん

女性のカラダの守り神である女性ホルモン。その原料となるたんぱく質は、
食事でしっかり取ることが大切です。婦人科医お墨付きの手間いらずレシピを大公開!

女性ホルモン力UP! お手軽 美人ごはん 5つのルール

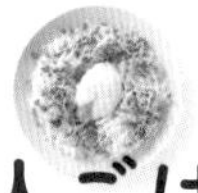

① レシピを決めるときは、最初に「たんぱく質を何で取るか」考える

たんぱく質は、女性ホルモンの主な原料。血液、筋肉、臓器などをつくる栄養素としても重要だ。「まず、たんぱく質を肉、魚、大豆製品などのうち、何で取るかを決めて、レシピを考えるといいでしょう」(松村さん)。

② 40代は魚多めetc. 世代別に取るべき食材を意識する

「20〜30代は月経で失われる鉄分の補給のため、レバーなどを積極的に。便秘対策に食物繊維も多めに取りましょう。40代以降は代謝が落ち、太りやすくなるので、肉より魚を。抗酸化作用のある緑黄色野菜もおすすめです」

③ カット野菜、冷凍野菜を使って調理工程を省く

「帰宅後、疲れた体で日々自炊するには、料理に手間をかけすぎない仕組みづくりが必要。冷凍野菜を常備したり、カット野菜を使ったりするなど、“切る工程”を省くだけで、日々の料理が格段にラクになると思います」

④ シメジ→マイタケにするなど手間いらずの食材を使う

「石突きを取るのが面倒なシメジより、マイタケを使うなど、手間いらずの食材を積極的に選びましょう。ツナ缶や鶏ささ身缶も、どんどん活用して。たんぱく源になり、野菜と和えるだけで、立派な副菜になります」

⑤ 梅干し煮、味噌漬けなど、食材を調味料代わりにして時短&失敗知らず

「梅干しは、調味料代わりにもなる優秀食材。食材で味を調えると優しい味わいが楽しめるし、味つけの失敗も少ない! ニンジンや魚の梅干し煮など、余分な調味料も不要で簡単。味噌も、汁物以外に肉や魚の味噌漬けに使って」

自炊の習慣で体が整い 内側からきれいになる

だるい、階段の上り下りがつらい…。体が悲鳴を上げた3年前、「体の求めるがまま、自炊生活を始めました」、そう話すのは、婦人科医で成城松村クリニック院長の松村圭子さん。長年の激務と、食をおろそかにした生活が原因だった。そんなとき、「自分で作ったものを食べるだけで、体調が劇的に改善。以来、栄養素の知識だけでなく、レシピまで患者さんに伝えられるようになりました」。

簡単でいい、自炊する習慣を身に付けてほしいと松村さん。「食事では、女性ホルモンの原料になるたんぱく質をしっかり取りたい。毎食、肉・魚・卵・大豆製品のいずれかを取りたいですね」。年代で現れやすい不調も食事で改善できると松村さん。「夕食に1品でよいから手料理を取り入れましょう」。

この人に聞きました

成城松村クリニック院長
松村圭子さん

日本産科婦人科学会専門医。自炊生活にシフトして、体調改善を図った経験から、近年は料理と食事の重要性を啓発。食生活アドバイザー２級を保有。著著に『医者が教える女性のための最強の食事術』（青春出版社）など。

女性の味方 たんぱく質Q&A

Q 毎日サラダチキン、体にいい？

いろいろな食材で摂取すべき

たんぱく質は、さまざまな食材から取ったほうが、栄養価がアップ。2〜3日サラダチキンが続いたら、翌日は豚肉、牛肉、魚、大豆製品などを選んで。

Q たんぱく質を効果的に取るには？

発酵食品が効く

たんぱく質は、発酵させると、人間に有益な成分が作られ、体に良い効果が高まる。納豆や味噌などを積極的に取ることで、栄養価もアップ。

Q 働く女性は、たんぱく質不足？

外食で満たすのは厳しい

ランチには、パスタやラーメンなど手早く食べられる麺料理を選びたくなるもの。外食は糖質過多になりがちなので、夜はたんぱく質の品数を増やして調整を。

Q 1日にどれだけ食べればいい？

1食につき片手1杯分

たんぱく質は体内で蓄えられないので、毎回の食事で取りたい。1食当たり70〜80g、片手にのるくらいの量を。薄切り肉2〜3枚、または切り身魚1切れが目安。

良質なたんぱく質を豊富に含む身近な食材で、パパッと美肌ごはんが完成。
焼くだけ、煮込むだけの極上プレート、召し上がれ!

ワンプレート晩ごはん

(厚揚げと鶏ひき肉のピリ辛炒め)

材料／1人分

- 厚揚げ …… 1/2枚（150g）
- 鶏ひき肉 …… 100g
- P インゲン …… 4本（30g）
- P 豆板醤 …… 小さじ1
- ケチャップ …… 大さじ3
- 油 …… 小さじ1
- ご飯 …… 茶碗1杯分

作り方>>>10分

1/ 厚揚げは半分に切ってから1cm幅の薄切りにする。インゲンは3等分程度の斜め切りにする。

2/ フライパンに油を入れ、鶏ひき肉、厚揚げ、インゲンを中火で炒める。

3/ 鶏ひき肉の色が変わり、厚揚げもしんなりして油がなじんだら、ケチャップと豆板醤を加える。調味料が全体に回るよう1分ほど炒めたら火を止め、ご飯を盛った器にのせる。

POINT 1 P 冷凍インゲンを使えばラクチン

POINT 2 P チリソースやタバスコ、ラー油でも

簡単おいしい! memo

★冷凍野菜を使うなら、火の通りが早いので、調味料を入れるタイミングで加えて。炒め物や煮物に使いやすい冷凍野菜は、カットも不要でゴミも出さず便利！

ひと皿でホルモン力アップ！

たんぱく質をしっかり、

材料を鍋に入れて
火にかけるだけ

くずし豆腐のとろーり親子丼

ホルモン力UP食材
鶏もも肉&豆腐&卵

材料／1人分

- 鶏もも肉 …… 80g
- 玉ネギ …… 1/8個（25g）
- 豆腐 …… 1/2丁（100g）
- 卵 …… 2個
- 枝豆（鞘《さや》から出した豆の状態で） …… 10g（約10粒）
- めんつゆ（3倍濃縮）… 大さじ2
- 水 …… 100ml
- ご飯 …… 適量

作り方>>>10分

1／鶏もも肉は小さめに切る。玉ネギは薄切りにする。

2／フライパンにめんつゆ、水、鶏もも肉、玉ネギ、一口大にスプーンですくった豆腐を入れて中火にかける。沸いたら全体を軽く混ぜて2分ほど煮る。

3／卵を溶いて流し入れ、軽くひと混ぜしたら枝豆を散らす。半熟状になったら火を止め、ご飯を盛った器にのせる。

POINT

親子丼用のカット肉を使っても

この人に聞きました

料理研究家
野口英世さん

料理研究家、フードスタイリストとして、テレビや雑誌、広告などで活躍中。近著は『turk フライパンクックブック』（誠文堂新光社）など。

簡単おいしい！memo

★豆腐の種類（木綿、絹ごし）は好みで。鞘から出した状態の枝豆はコンビニで入手可能。

鮭とブロッコリーの豆乳クリームシチュー

材料／1人分

- 生鮭 ……… 1切れ
- P マイタケ ……… 1/4パック
- 玉ネギ ……… 1/8個（25g）
- P ブロッコリー ……… 1/8個（30g）
- 小麦粉 ……… 大さじ1
- バター ……… 小さじ1
- 豆乳 ……… 250ml
- 顆粒コンソメ ……… 小さじ1
- パン ……… 適宜、好みで

作り方>>>10分

1/ 生鮭は3等分に切り、小麦粉をまぶす。マイタケは一口大に手で割き、玉ネギは薄切りにする。ブロッコリーは小房に分け、半分に切る。

2/ フライパンにバターを入れ、生鮭、玉ネギ、マイタケ、ブロッコリーを中火で焼く。

3/ 豆乳、顆粒コンソメを加えて軽く煮る。全体を混ぜて、とろみがついたら火を止める。好みで薄切りにしたパンを添える。

POINT 1 P 割くだけでOK！時短に

POINT 2 P 冷凍野菜が重宝

簡単おいしい！memo

★たんぱく質はいろいろな食材から取ることが大切。扱いにくい魚のなかで、生鮭は手に入りやすく、調理も簡単。

豚玉キャベツのお好み焼き風オムそば

材料／1人分

- 豚こま肉 …… 50g
- シメジ …… 25g（1/4袋）
- キャベツ …… 50g
- 紅生姜 …… 10g
- 焼きそば用麺 … 90g（1/2袋）
- 溶き卵 …… 2個分
- ソース …… 大さじ2
- カツオ節 …… 少々
- 青のり …… 少々
- ごま油 …… 小さじ1

作り方>>>10分

1／シメジは石突きを切り落として小房に分ける。キャベツは一口大に切る。焼きそば用麺は粗く刻む。

2／スキレットやフライパンにごま油を入れ、豚こま肉、シメジ、キャベツを中火で炒める。豚肉の色が変わったら、焼きそば用麺を加えて炒める。

3／手持ちのソースを加えてなじむように混ぜたら、溶き卵、紅生姜を加えて全体を軽く混ぜる。半熟になったら火を止める。

4／スキレットの場合はそのまま、カツオ節、青のりなどをかけてテーブルへ。フライパンの場合は、半分に折り畳むようにして皿に盛り付け、カツオ節や青のりをかける。

POINT P カットキャベツを使えばスピーディー

簡単おいしい！memo

★キャベツやネギなど、カット野菜を使うと驚くほど時短に。
★麺を減らしてキャベツを増量するとヘルシーに。

簡単&スピーディー

下ごしらえ時間ゼロ!

メーンディッシュでしっかり美肌ごはん

下ごしらえは一切不要。なかにはお皿にのせるだけで完成するレシピも!
旨みたっぷりの味わいです。

(エノキのポークロールレンジ蒸し)

レンジで簡単調理

材料/1人分

豚薄切り肉 ………… 4枚(70g)
エノキダケ(小)
………………………… 1パック(100g)
モヤシ ………………… 1/3袋(70g)
梅干し ……………………………… 2個 P
オリーブオイル …………… 小さじ1

作り方>>>8分

1/ エノキダケは根元を切り落として、4等分に手で割き、豚薄切り肉で巻く。
2/ 耐熱皿にモヤシを広げ、1を巻き終わりを下にして並べる。
3/ ふんわりとラップをかけて、600Wの電子レンジで2分半加熱する。
4/ 梅干しは種を取って包丁でたたき、オリーブオイル、3の加熱後に出た水分*と混ぜてたれを作り、かける。

*レンジ加熱後の水分には旨みがあり、たれの濃度調整に使用。程よいとろみになればよく、全部入れなくてもよい。

POINT P 味付けの要、調味料不要に

ホルモン力UP食材
豚肉

皿に盛るだけ♪

ホルモン力UP食材
ツナ&温泉卵

キャベツとツナの巣ごもり卵

材料／1人分

- キャベツ……50g
- ツナ缶詰……1/2缶（35g）
- スプラウト……1/2パック（約10g）
- 温泉卵……1個
- めんつゆ（3倍濃縮）……大さじ2
- ごま油……小さじ1

作り方>>>3分

1／キャベツは千切りにして、汁気を切ったツナ、スプラウトと皿に盛りつけ、真ん中に温泉卵を割り入れる。

2／めんつゆとごま油を合わせたたれをかける。

POINT 1 カット野菜の千切りタイプを買うとラク

POINT 2 コンビニでも買える

簡単おいしい！memo

コンビニで手軽にホルモン力UP！女医さんおすすめの逸品

【温泉卵】
自宅で作るなら耐熱カップに水50ml、卵を割り入れ、ようじで黄身を数カ所刺し、600Wのレンジで40秒加熱。

【ゆで卵】
1食にこれ1つ添えるだけで、良質なたんぱく質をしっかり取れる。日々の食卓に取り入れて。

食欲そそる
10分で完成カレー

ホルモン力UP食材
厚揚げ&牛肉

厚揚げと牛切り落としの和風カレー煮

材料／1〜2人分

厚揚げ	1/2枚（約100g）
牛切り落とし肉	100g
長ネギ (P)	1/2本（約40g）
めんつゆ（3倍濃縮）	大さじ1
水	200ml
カレールー	1皿分
ごま油	小さじ1
九条ネギや小ネギ	適宜、好みで

作り方>>>10分

1／厚揚げは半分に切ってから1cmの厚さの薄切りにする。長ネギは斜め切りにする。

2／鍋にごま油を入れて牛切り落とし肉、厚揚げ、長ネギを中火で炒める。

3／牛肉の色が変わったら、めんつゆ、水を入れて、蓋をして3、4分煮る。

4／カレールーを加えて溶かし混ぜ、ひと煮立ちしたら火を止める。お好みで斜め切りにした九条ネギや小ネギを散らす。

POINT P
カットタイプを使うと便利

カツオの生姜ポン酢サラダ

材料／1人分

- カツオ（刺し身）……… 6切れ（70g）
- 油揚げ ……… 1/3枚（約7g）
- 水菜 ……… 60g
- 乾燥ワカメ ……… 小さじ1/2（0.5g）
- ミニトマト ……… 3個
- 枝豆（鞘から出した豆の状態で）……… 15g（約15粒）

ドレッシングの材料

- ポン酢 ……… 大さじ2
- すりおろし生姜 ……… 小さじ1/2
- オリーブオイル ……… 小さじ1

作り方>>>5分

1／油揚げはオーブントースターで焼き、2cmの角切りにする。ドレッシングの材料を混ぜる。

2／水菜はざく切りにする。ミニトマトは半分に切る。乾燥ワカメは水（分量外）で戻す。

3／皿に水菜、ワカメ、ミニトマト、カツオ、油揚げ、枝豆を盛りつけ、ドレッシングをかける。

POINT 1 P カットタイプを使うと便利

POINT 2 P カット野菜を使っても

POINT 3 P コンビニで買っても

POINT 4 P チューブタイプが重宝

旬の魚を手軽に

ホルモン力UP食材
カツオ

1品で「美肌おかず」になる

だしいらず！

カンタン具だくさん味噌汁

慌ただしい朝や疲れて帰ってきた夜は、1杯でたんぱく質＆野菜がしっかり取れる味噌汁がおすすめ。具だくさんにすることで食材の旨みが倍増します！

キャベツと豚肉のピリ辛ごま味噌汁

具は回鍋肉をイメージ。ピリ辛スープがご飯に合う！

約148円

材料／1人分

キャベツ
2枚

すりごま
小さじ1

豚肉
60g
（豚バラ薄切り肉やこま肉、ひき肉でもOK）

＋

ごま油……小さじ1
豆板醤……小さじ1/2
（なければラー油でも可）
味噌……大さじ1と1/2
水……250ml

作り方

1/ 豚肉とキャベツは一口大に切る。
2/ 鍋を中火にかけ、ごま油を入れて豆板醤を炒め、香りが立ったら、豚肉、キャベツを炒める。
3/ 水を加えて沸かし、味噌を溶き入れる。
4/ 器に盛り、すりごまをのせる。

鮭ジャガバターの豆乳味噌汁

約190円

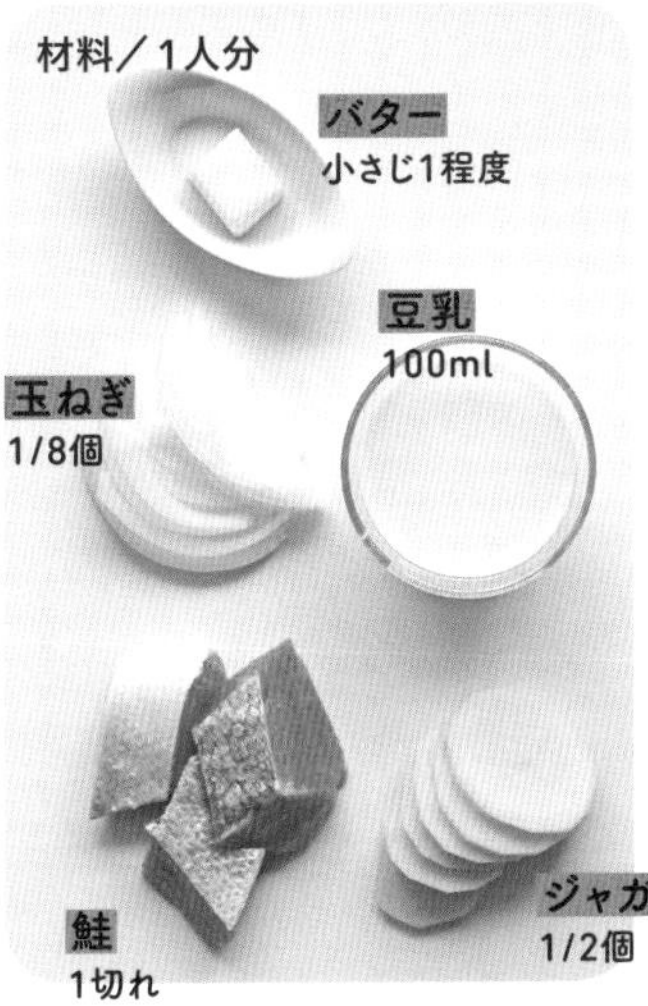

＋

水 ……………………………… 200ml
味噌 ………………… 大さじ1と1/2
パセリ ……………………………… 適宜

作り方

1/ 鮭は3等分に切る。ジャガイモは皮をむき、薄切りにする。玉ねぎは薄切りにする。

2/ 鍋を中火にかけ、バター小さじ1を入れ、1を炒めた後、水を入れて、具に火が通るまで煮る。

3/ 豆乳を加えて弱火にし、一煮立ちしたら、味噌を溶き入れる。

4/ 器に盛り、バターを適量のせ、好みでみじん切りにしたパセリをふる。

のりたま納豆汁

約94円

冷蔵庫にある材料で
パパッとできる

材料／1人分

卵
1個

カツオ節
ひとつかみ

万能ネギ
1本

納豆
1パック

海苔
1/2枚
（アオサでも可）

＋

味噌 ……………… 大さじ1
水 …… 1カップ（200ml）

作り方

1/ 万能ネギは小口切りにする。海苔はちぎる。
2/ 鍋に水、カツオ節を入れ、中火で沸かす。味噌を溶き入れる。
3/ 納豆を入れて、一煮立ちしたら、卵を割り入れる。
4/ 卵が半熟になったら、器に盛り、海苔、万能ネギを散らす。

豆苗ととろろ昆布の梅味噌汁

約75円

梅干しが入るので、
味噌は少なめにすると◎

材料／1人分

とろろ昆布
ふたつまみ

梅干し
1個

豆苗
1/4パック
（30g）

ゆで鶏
1/4枚（40g）

＋

味噌 ……………… 大さじ1
水 ……………… 250ml
（鶏のゆで汁があれば使用）

作り方

1/ ゆで鶏はほぐす。豆苗は根を切り落とす。
2/ 鍋に水（あれば鶏のゆで汁）、ゆで鶏を入れ、中火で沸かし、味噌を溶き入れる。
3/ 豆苗を加え、一煮立ちさせる。
4/ 器に盛り、とろろ昆布、梅干しをのせる。

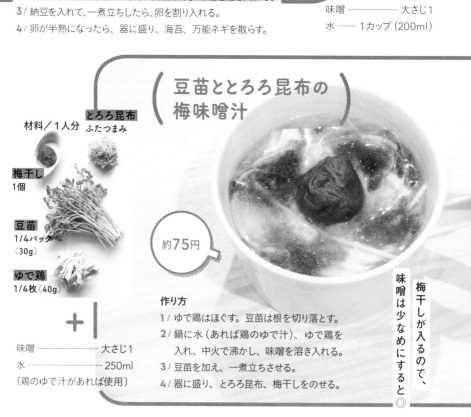

切り干し大根と豆腐の豚汁

約243円

豚肉の脂と切り干し大根の旨みがたまらない！

材料／1人分

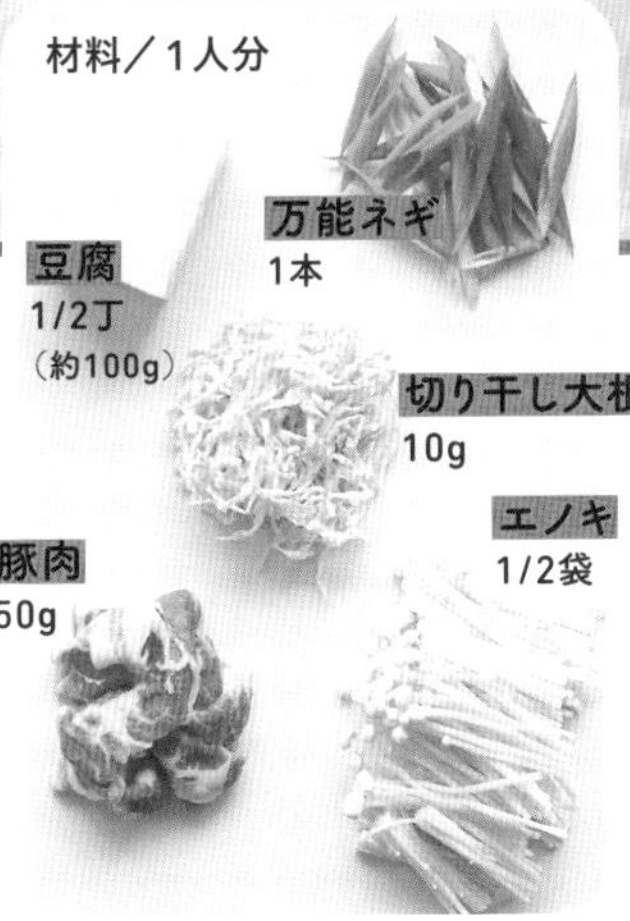

＋

切り干し大根の戻し汁 ………… 250ml
味噌 ………… 大さじ1と1/2
ごま油 ………… 小さじ1/2

作り方

1／切り干し大根は水でさっと洗い、水につけて10分ほど置いてから絞り、一口大に切る（戻し汁は使うので捨てない）。豚肉は一口大に切る。エノキは根元を切り落とし、半分に切る。万能ネギは斜め切りにする。

2／鍋を中火にかけ、ごま油を入れて豚肉を炒める。切り干し大根、エノキを加え、さらに炒める。

3／2の鍋に切り干し大根の戻し汁を加え、沸いたら、豆腐を一口大に手でちぎりながら加え、3〜4分煮る。

4／味噌を加え、味を調える。器に盛り、万能ネギを散らす。

実現できる理由、教えます！

働き女子の食生活に迫ります！

case 1

保存ワザを駆使してムダな食材ゼロに！

食費
月1.2万円

data

32歳・
スープストックトーキョー
渋谷マークシティ店 店長
荻野知佳子さん
● ひとり暮らし

大学で管理栄養士の資格を取得。現在は、スープストックトーキョーの店長として43人のスタッフを率いる荻野知佳子さん。忙しい毎日に欠かせないのが、たんぱく質と野菜たっぷりの手作りごはんだ。「30代になってから疲れやすくなったので、栄養バランスに気を付けた食事を意識。仕事が休みの日に作り置きしたおかずと玄米中心の生活で、肌荒れせず、体調も崩しにくくなりました」。

野菜は週1000円、肉や魚、卵などの食材は週2000円と予算を決め、ムダ買いゼロ。食材はシンプルに調理し、いろんな味つけで食べ飽きないよう工夫することで、「食費は月1万2000円と、20代の頃と比べて約1/2に！」。

低コストで"美肌ごはん"を

頑張りすぎない自炊で、食費を月1万5000円以内に抑え、健康＆美肌をキープする2人の

荻野さんの 日々のごはん

朝食
約100円

アボカド＆ゆで卵トーストとヨーグルトで、サクッと朝食。簡単だが、栄養バランスは◎。

昼食
約250円

作り置きの野菜中心のおかずと玄米を弁当箱に詰めるだけ。使っている食材は10品目も!

夕食
約500円

早番の日は自宅で夕食。「鶏肉を焼き、作り置き野菜を添えて。刺し身の昆布締めも美味」。

荻野さんの食費が安い理由

作り置き

アレンジしやすい作り置きで たくさん作っても食べ飽きない

野菜とたんぱく質をたっぷり取れるよう、休日に7～8品を作り置き。「味つけはできるだけシンプルに。調味料を替えてアレンジすれば、飽きずに食べ切れます」。

理由1
余ったゆで野菜は酢漬けに!

A カリフラワーをゆでるだけ。

B ジャンボインゲンをゆでてカット。

C もやしをコチュジャンで和えたナムル。

D ターサイ、シメジ、豚肉をオイスターソースで炒める。

E カリフラワーのピクルス。

F 鶏もも肉を、水、ネギ、ショウガでゆでる。

G 野菜たっぷりのラタトゥイユ。

理由2

✓ 作り置き

大好きな卵はゆで方を変え、3パターンで保存

卵は「固ゆで」「半熟」のほか、麺つゆで作った「味つけ卵」に分けて作り置き。「仕事で疲れた日は、玄米に味つけ卵とネギをのせるだけの、3分レシピで栄養補給!」。

理由3

✓ 食材のムダなし

刺し身は昆布締めで保存すれば長持ち!

刺し身は刻みショウガを散らして昆布で挟み、ラップで包めばお手製の昆布締めに。「冷蔵庫で1週間は保存可能。ビールのつまみに最高です」。

理由4

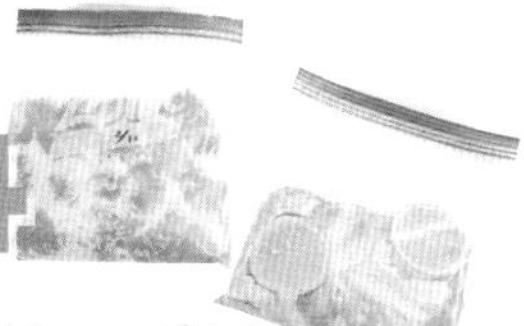

✓ 食材のムダなし

肉の味つけ保存で上手に使い切る

鶏胸肉は塩麹漬けや、レモンと長ネギのオイル漬けにし、保存袋に入れて冷蔵保存。「その日の気分に合わせて焼き、弁当や夕食にします」。

理由5

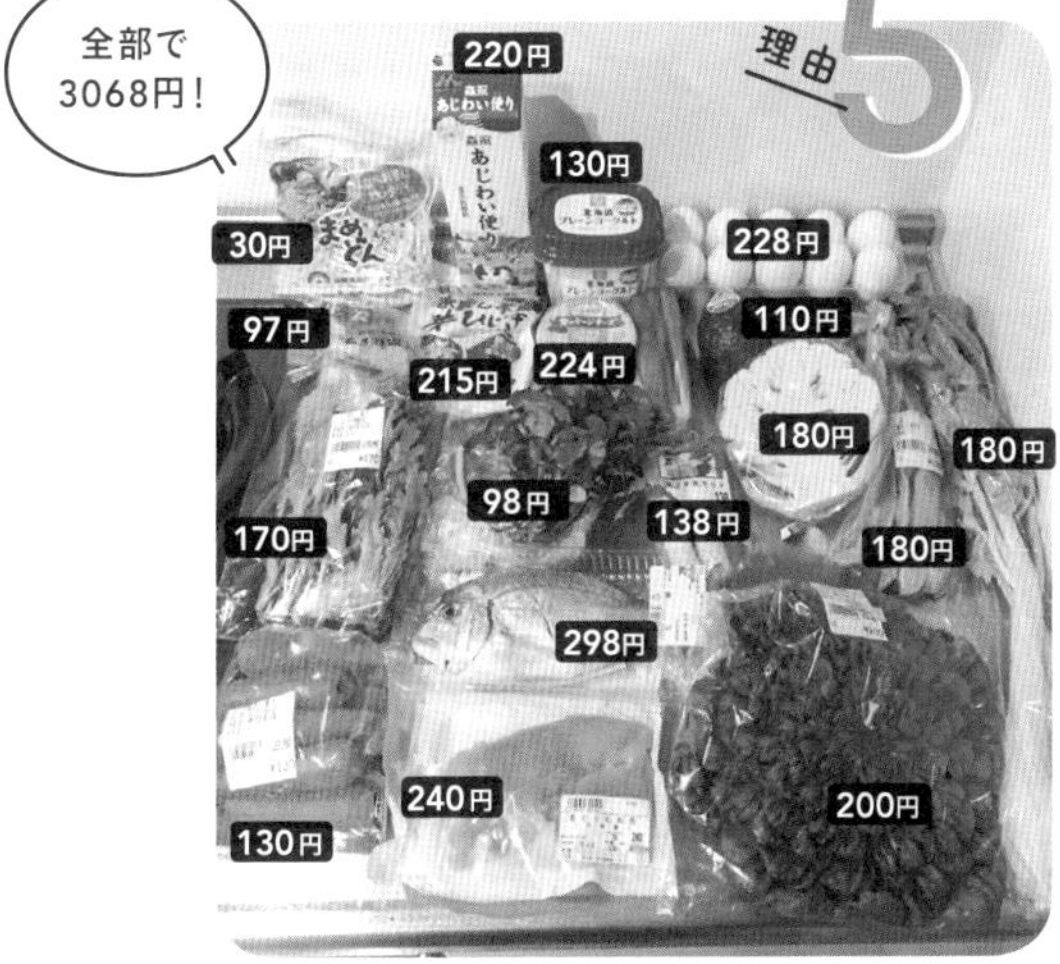

✓ お得に買う

野菜は近所の産直野菜を、肉や魚、卵はスーパーの安売りで

野菜とたんぱく質は2:1の割合で、意識的に取るように。「食材は週に1度、まとめ買い。野菜は近所の産直野菜専門店で。1000円あれば7〜8品買えます」。肉や魚、卵はスーパーで2000円以内に抑える。

case 2

週3000円台で たんぱく質豊富な おかずを作り置き

食費
月1万円
(1人当たり)

data

27歳・メーカー・人事

大川朱美さん(仮名) ●夫と2人暮らし

平日の食事はまとめ買い&作り置きを徹底することで、夫婦2人で月2万円の食費をキープする大川朱美さん。「頑張りすぎて疲れないよう、作り置きはほぼレンジでできるものだけに。帰宅後もチンするだけなので、忙しくても自炊をラクに続けられます」。週末に作り置きを終えたら外食するなど、適度に息抜きも。夫婦でジムに通い始めて健康意識も高まり、節約中でも高たんぱくな卵や肉類はケチらず取り入れる。「いずれはマイホームが欲しいので、貯蓄を頑張ろうと夫婦で決意。月に1度は“会議”を開き、食費のほか、使いすぎている費目がないかチェック。夫も節約に協力的なので、助かっています」。

大川さんの 日々のごはん

BREAKFAST

朝食
約100円

「ゆで卵入りのサラダで朝からしっかりたんぱく質を。ドレッシングは買わず、手作りで」

LUNCH

昼食
約150円

弁当は作り置きの肉そぼろと炒り卵、市販の鮭フレークで三色丼。カップ味噌汁を添えて。

DINNER

夕食
約170円

「メインと副菜をレンチンしている間に汁物を。帰りが遅くても、すぐ食べられます!」

大川さんの食費が安い理由

全部で
3929円!

理由1

✓まとめ買い

スーパーに行くのは週1回だけ。予算は3000円台と決めておく

値が張る肉は、近所で最安の業務用のスーパーでまとめ買い。「キロ買いして単価をさらに安く。毎日1個以上食べる卵は、大パックで購入」。

理由2

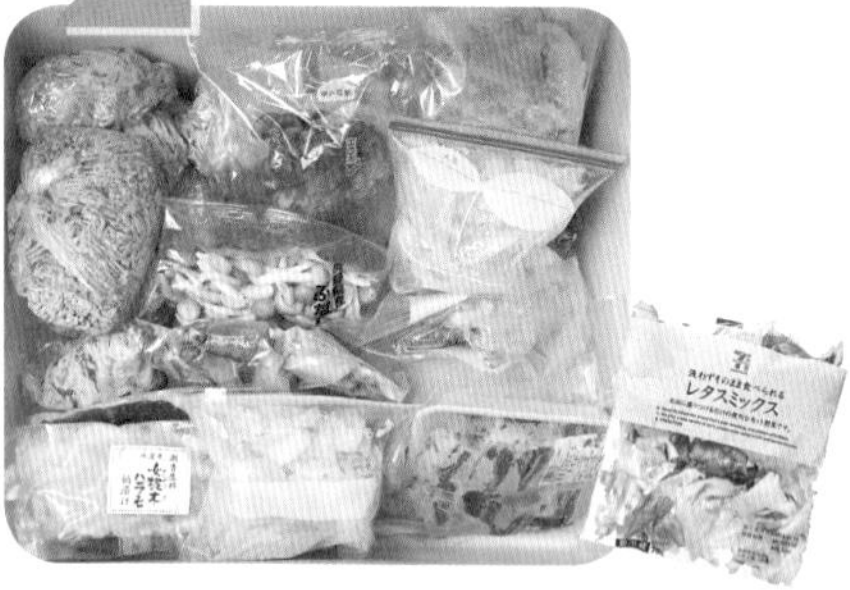

✓食材のムダなし

腐りやすい葉物野菜は都度買いor冷凍保存で!

加熱して使うキャベツや白菜は安いときに買っておき、切って保存袋に入れて冷凍。「サラダ用のレタスはコンビニでカット野菜を買い、その都度食べ切ります」。

賢く節約

理由3

米と魚は ふるさと納税でゲット!

夫婦で年6万円分のふるさと納税をし、お礼の品を食費に還元。「健康を考えて玄米をもらい、主食代を浮かせます。買うと高い牛肉や魚も、ふるさと納税で」。

お得に買う

理由4

大好きなチーズは セール時に大量買い!

チーズはチーズの卸売会社の定期セール時に市価の1/3程度で購入。オイル漬けのフェタチーズはレタスとゆで卵のサラダに。たんぱく質を手軽に補給!

作り置き

理由5

週末2時間で 平日のおかずを作り置き。 すべて"レンチン"だからラク!

作り置きは、電子レンジをフル活用。「1つチンする間に、次の食材を切ってスタンバイ。和洋中で味つけを変えれば、飽きずに食べ切れます!」。

A 豚ひき肉にオイスターソース、醤油、豆板醤、砂糖を混ぜ、レンジで10分。

B 鶏胸肉は酒をふり、レンジで5分加熱。市販の醤油ダレを混ぜ、レンジで2分。

C 鶏胸肉と長ネギ、マヨネーズ、ポン酢を混ぜ、レンジで10分。

D レンコン、ツナ缶、顆粒だし、ごま油、塩を混ぜ、レンジで10分。

E 鶏胸肉、玉ねぎ、キノコ、トマト缶、コンソメ、塩、こしょうを混ぜレンジで10分。

F 豚こま肉、炒めた玉ねぎ、バジルソースを混ぜ、レンジで10分。

G 卵にみりん、砂糖、だしを混ぜ、フライパンで1分程度、泡立て器で炒める。

H 鶏胸肉、オクラ、ごま、マヨネーズを混ぜ、レンジで10分。

STAFF

イラスト：須山奈津希

写真：淡路敏明、岩瀬有奈、蝦名まゆこ、太田未来子、小野さやか、桂嶋啓子、工藤朋子、鈴木愛子、林田杼瑯乃［アーカイブプロダクツ］、古末拓也、細野美智恵［St.Pront］、柳原久子、山口尚美、吉澤咲子、PIXTA

取材・文：海老根祐子、大上ミカ、工藤花衣、酒井富士子［回遊舎］、菅谷 環、杉田あゆみ、高島三幸、西尾英子、三浦香代子、元山夏香、森野史江、山名洋子、吉田明乎、吉田美奈子

料理・レシピ考案・スタイリング：野口英世（p.108〜119）

本書に掲載の情報は、日経WOMAN2018年4月号・5月号・7月号・12月号、2019年3月号・4月号・6月号・10月号・11月号、2020年1月号・2月号・3月号の記事の一部を抜粋、加筆、再編集したものです。内容は原則として取材当時のものですが、一部情報を更新しています。記事掲載の価格は原則、消費税を除く税別表記としています。

家計にはときめきもメリハリも大事！

月収20万円で幸せに暮らす本

2020年5月25日 第1版第1刷発行

編　者　日経WOMAN編集部

発行者　南浦淳之

発　行　日経BP

発　売　日経BPマーケティング

〒105-8308　東京都港区虎ノ門4-3-12

装　丁　小口翔平＋喜來詩織（tobufune）

本文デザイン　mashroom design

編　集　藤川明日香（日経WOMAN編集部）

編集協力　株式会社マーベリック（大川朋子、奥山典幸、松岡芙佐江）

印刷・製本　図書印刷株式会社

https://nkbp.jp/booksQA

Printed in Japan　ISBN978-4-296-10645-5